경쟁적 정치·경제·사회 구조 속에서의

평화와 화해의
새로운 패러다임

 한국 아나뱁티스트 출판사(Korea Anabaptist Press)는 기독교 신앙을 아나뱁티스트 관점에서 소개하는 문서선교 사역을 합니다. 특히 그리스도인의 신앙과 삶의 기초를 재세례신앙의 제자도·평화·공동체를 통해 발견하며, 하나님나라를 이루어가는 성경적 비전을 회복하고자 노력합니다. 한국 아나뱁티스트 출판사가 발행하는 도서는 각 분야별 시리즈로 구성됩니다.

경쟁적 정치·경제·사회 구조 속에서의

평화와 화해의
새로운 패러다임

히즈키아스 아세파 지음
이재영 옮김

Originally published as *Peace and Reconciliation as a Paradigm*
Nairobi Peace Initiative Monograph Series, No.1
ⓒ 1993 Majestic Press
Translated by permission of Nairobi Peace Initiative-Africa
5th Floor, New Waumini House,
Chiromo Road-Waiyaki Way, Westlands, Nairobi, Kenya
http:// www.npi-africa.org
Korean translation copyright ⓒ 2003 by Korea Anabaptist Press.

이 책의 한국어판 저작권은 Korea Anabaptist Press가 소유하고 있습니다.
출판사의 승인 없이 이 책의 내용이나 표지 등을 복제·인용할 수 없습니다.

평화와 화해의 새로운 패러다임

지은이	히즈키아스 아세파
옮긴이	이재영
초판1쇄	2005년 4월 9일
2판1쇄	2014년 11월 11일
펴낸이	김경중
제작	대장간
등록	제364호
펴낸곳	Korea Anabaptist Press
	www.kapbooks.com
주소	강원도 춘천시 춘천로 34, 3층
전화	(033) 242-9615
분류	화해	평화
ISBN	978-89-953699-6-8 93300

값 6,000원

차례

한국의 독자들에게 / 7
역자 서문 / 9

_ 서론 / 13

1. 평화에 대한 다양한 이해 / 15

2. 평화의 가치와 원칙 / 19

3. 화해와 갈등 해결 / 25
   □ 화해의 다양한 차원 / 26

4. 평화와 화해의 패러다임 / 35
   □ 평화와 평화 형성에 관한 이해 / 36
   □ 교회의 사명 / 39
   □ 정치제도 / 42
   □ 국가 / 57
   □ 현대화와 경제 성장 / 63

_ 결론 / 74

한국의 독자들에게

　　우선 부족한 저의 글이 한국어로 번역되어 출판하게 된 것을 영광으로 생각하며 감사의 말씀을 드립니다. 저는 이 소책자의 한국어판을 출판하며 두 가지 측면을 강조하고자 합니다. 첫째는 이 글이 비록 아프리카의 상황을 바탕으로 쓰였지만, 그 의미가 단지 아프리카 대륙에만 국한되지 않기를 바랍니다. 실제로 지금까지 이 책을 읽은 아시아를 비롯한 남미와 북미, 동유럽의 많은 독자들이 그들의 상황에 충분히 적용될 만큼의 관점과 이해가 적절했다고 평하고 있습니다. 한국의 독자들도 그렇게 느끼기를 기원합니다.

　　두 번째로 이야기하고 싶은 점은 평화와 화해에 대한 종교적 이해와 사회과학적 분석의 접점에서 제가 주로 사용한 기독교 관점에 대한 것입니다. 제가 이 글에서 기독교 신학을 주로 사용한 것은 기독교가 저에게는 가장 익숙한 종교이기 때문이지, 기독교 신학만이 이러한 이해와 분석을 제공하기 때문이 아닙니다. 다른 많은 종교의 전통 속에도 화해에 대한 깊고 심오한 이해가 똑같이 존재한다는 것을 알고 있습니다. 이 소책자를 저술한 이후로, 저는 여러 나라에서 문화적 배경이 다른 사람들에게 평화와 화해에 관한 많은 훈련 과정과 과목들을 가르쳐 왔습니다. 그 과정에서 발견한 놀라운 사실은 서로 다른 종교에서 찾을 수 있는 화해에 대한 이해들이 차이점보다 상호 보완성과 유사점이 많다는 것입니다.

한국의 독자들에게도 각자가 느끼고 있는 서로 다른 종교적·문화적 배경을 넘어, 제가 이 글을 통하여 전달하고자 하는 평화와 화해의 의미가 제대로 전달되기를 바랍니다. 저에게처럼 이 소책자가 여러분의 평화와 화해에 대한 이해를 넓히는 데 도움이 되기를 진심으로 바랍니다.

마지막으로, 이 소책자를 번역하고 한국 독자들을 위해 서문을 써달라고 부탁해온 이재영 씨께 감사를 드립니다. 제가 한국어를 할 줄 알아서 적절하게 감사를 표현하면 좋겠지만, 그렇게 하지 못한 것을 양해해 주시기를 바랍니다.

히즈키아스 아세파 Hizkias Assefa
2004년 1월 30일, 케냐의 나이로비에서

역자 서문

개인적 신념에 의한 것이든, 종교적 신앙에 의한 것이든, 인류의 보편 가치이든 간에 평화는 모든 사람들의 공통된 이상이며 희망하는 바임에 틀림없다. 하지만 '평화란 무엇인가? 화해란 무엇인가?'라는 단순한 질문 앞에 우리는 간혹 당황스러울 때가 있다. 우리는 남과 북의 군사적 대결과 분단의 상징인 철책선 너머로도 '평화'와 '통일'이라고 쓰인 대형 문구들을 쉽게 볼 수 있다. 또한, 최근 세계 도처에서 벌어지고 있는 전쟁들도 역시 정의와 민주주의, 평화 유지라는 미명하에 자행되어 왔다. 우리 모두는 평화에 대한 정당성이나 그 도덕적 가치를 따지기에 앞서 그에 대한 입장 차이가 있음을 인정한다. 어쩌면 평화와 화해라는 말이 너무 난무해서 오히려 그 의미가 퇴색되어 버린 것이 오늘날의 현실인지도 모르겠다. 그만큼 평화와 화해는 그 의미가 광범위하고 개연의 소지가 상대적으로 많다고 할 수 있다. 따라서 우리에게 지금은 무엇보다도 평화와 화해의 의미를 바로 알고 그것을 잘 실천하고자 공동의 노력을 기울여야 할 때다.

그런 의미에서 히즈키아스 아세파 박사의 책 『평화와 화해의 새로운 패러다임』은 우리에게 시사하는 바가 크다. 그는 우리가 평화와 화해를 어떻게 이해하고, 또 그것을 이해한다는 것은 무엇을 의미하는가에 대해 진지하게 생각하게 한다. 또한 아세파 박사는 대립과 경쟁의 사회 구조와 문화 속에서 쉽게 나타나는 한정적이고 왜곡된 평화와 화해의 이해를 새로운 관점에서 바라보는 혜안을 제시한다. 이 새로운 관점에서 경제·사회·국가·교회를 바라볼 때, 비로소 통합적이고 포용적인 평화와 화해의 의미, 그리고 대안적 실천이 뒤따를 수 있다.

개인적으로 아세파 박사는 나에게 이 새로운 패러다임(평화와 화해의 패러다임)의 의미를 분명하게 해준 분이다. 우리는 간혹 어딘가를 열심히 가고 있는데, 정작 어디로 가고 있는지 모를 때가 있다. 나 자신 역시 아무것도 모르면서 평화에 대한 관심 하나로 대학원에서 열정을 불태웠던 적이 있다. 그때 만난 분이 바로 아세파 박사이다. 평화를 이루는 길과 의미를 구체적이고 실체적인 형태로 이해하기 위해 법학, 경제학, 신학, 갈등해결학 등을 연구한 그의 학문적 넓이와 깊이, 그리고 이러한 이해를 단지 학문적 이론에 국한하지 않고 세계 각처의 분쟁 현장에서 '피스메이커Peacemaker'로서 직접 적용하는 용기와 실천은 '갈등전환학Conflict Transformation'을 공부하는 모든 학생들에게 귀감이 되고 있다. 나는 종종 "평화와 화해를 위한 길은 인내의 과정이며, 따라서 영성이 결여된 평화 건설은 사람을 너무 메마르고 지치게 한다."고 한 아세파 박사의 말을 깊이 되새겨보곤 한다. 과연 메마르지 않는 화평케 하는 자의 영성이란 무엇일까? 항상 도전이 되는 말이며 나에게는 평생을 지니고 가야 할 숙제 같은 질문으로 남아 있다.

이 책은 아세파 박사의 고향인 아프리카 대륙을 배경으로 기록되었다. 그러나 나는 평화와 화해가 비단 아프리카 상황에만 국한되는 문제라고 생각하지 않는다. 그것은 오히려 한국의 정치, 경제, 사회, 교회 상황에도 똑같이 적용할 수 있는 문제다. 이 책에는 아세파 박사의 평화와 화해에 대한 깊고도 넓은 통찰이 담겨 있다. 나는 이렇게 짧지만 너무나 깊고, 평범하지만 아주 특별한 의미를 제시하는 아세파 박사의 책 『평화와 화해의 새로운 패러다임』을 한국에 소개할 수 있게 되어 더 없이 기쁘고, 번역자로서 영광스럽게까지 생각한다. 평화와 화해의 이론적 배경 연구가 척박한 한국에서, 부디 이 작은 책자가 우리에게 평화와 화해의 깊고도 넓은 의미를 제공하고 그것을 잘 실천하며 살아가는 데 도움이 되는 자료이기를 바란다.

이재영
한국평화교육훈련원(KOPI:Korea Peacebuilding Institute) 원장

서론

    비단 혼란과 분쟁에 휩싸인 아프리카 대륙뿐 아니라 전 세계의 모든 지역에 평화가 필요하다는 것을 부인할 사람은 아무도 없다. 그러나 우리는 평화를 어떻게 이룰 것인가를 논의하기도 전에, 일상에서 흔히 사용하는 이 평화라는 말을 모두가 똑같이 이해하고 있지 않다는 근본적 문제에 봉착하게 된다. 우리는 매일 접하는 뉴스나 국제 포럼, 또는 종교적 예배를 통해 평화라는 말을 자주 듣는다. 또한 평화는 여러 문화에서 쓰이는 일상적 인사말이기도 하다. 유대인과 기독교인들은 "평화가 함께 하기를…!"$^{\text{Peace be unto you!}}$이라고 인사를 한다. 이슬람 문화에서도 같은 의미인 "아살람 알레이쿰$^{\text{Asalaam Aleikum}}$"이라는 인사말을 널

리 사용한다.

그러나 이들이 서로 얼마나 많은 피를 흘리고 있는지를 생각할 때, 우리는 '평화Peace'에 대한 서로의 입장이 과연 같은가라고 반문하지 않을 수 없다. 1980년대에 만들어진 가장 파괴력이 강한 핵미사일 MX의 별칭은 '평화를 만드는 자The Peacemaker'였다. 또한 국제 외교권에서 일반적으로 사용하는 금언은 "평화를 원한다면 전쟁을 준비하라!"이다. 이 얼마나 모순된 이야기인가? 여기저기에서 말하고 있는 평화는 과연 모두 같은 의미인가? 아니면 평화는 사람마다 서로 다르게 해석할 수 있는 것일까? 이처럼 평화에 대한 이해가 일치하지 않은 것이 세상에 평화가 없는 이유는 아닐까?

이 글은 평화에 대한 여러 가치와 학문적 원칙들을 제공함으로써 평화와 평화 형성에 관한 다양한 관점을 점검하고, 포괄적이고 종합적인 정의를 이끌어 내는 데 초점을 맞추고 있다. 또한 분쟁뿐만 아니라 정치, 국가 형성, 그리고 경제 발전 등과 같은 사회의 다른 영역에 중대한 영향을 미치는 평화의 패러다임이나 모델을 개발하는 데 있어, 사회 과학과 신학의 통합적 관점이 어떠한 역할을 하는지 밝힘으로써, 화해의 신학적 관점 또한 살펴보고자 한다.

1
평화에 대한 다양한 이해

어떤 사람들은 '평화'를 폭력의 부재不在로 이해한다. 그렇기 때문에 사람들은 평화를 주로 전쟁, 폭동 등 개인이나 재산상 가해지는 물리적 피해의 부재를 의미하는 것이라고 이해한다. 이러한 견해는 평화의 가치를 '법과 질서'를 유지하고 상대적으로 안정되고 안전한 정치적·사회적 질서를 추구한다고 보는 것이다. 따라서 사람들은 사회의 가시적인 폭력 상황이 상대적으로 줄어들 때 평화가 성공적으로 이루어지고 있다고 생각한다. 이러한 이해는 평화를 유지하는 도구로서 국내적 상황에서는 주로 경찰력, 법원, 수감 제도 등의 기능을 필요로 한다. 이는 국제적 상황 속에서도 마찬가지다. 즉, 더 크고 강한 나라일수록 힘의 균형, 핵무기 억제, 위계적인 권력구조 등을 통하여 국제 문제의 조정자나 국제 경찰의 역할을 맡는 것을 당연시해 왔다. 평화에 대한 이러한 이해 방식의 특징은 평화 유지는 외향상의 폭력적 분쟁이나 전쟁의 부재에 초점을 맞추고 있기 때문에 소극적인 평화negative peace라고 정의할 수 있다.

    소극적 평화의 큰 단점은 가시적이고 물리적인 폭력을 억제하는 데 몰두한 나머지 형태상으로 나타나지 않는 또 다른 폭력, 소위 구조적 폭력structural violence을 용인하거나 촉진한다는 데 있다.[1] 구조적 폭력은 부당하고 억압적인 국내외의 정치·사회적 구조에서 어쩔 수 없이 발생하는 폭력을 의미한다. 이 관점에 따르면, 일부 사회 구성원이 부와 특권을 누리는 동안 다른 구성원들은 억압과 극심한 빈곤, 영양 부족, 굶주림 등을 겪는 고통스러운 결과를 양산하는 경제, 정치 제도나 사회 구조는 인명을 파괴하는 극한 물리적 폭력만큼이나 위험한 폭력이라는 의미이다. 다만 그 진행 상황이 직접적이고 물리적인 폭력에 비해 잘 드러나지 않을 뿐이다. 다시 말해 사람을 해치는 것은 무기만이

---

[1] John Caltung, "Violence, Peace and Peace Research", *Journal of Peace Research* No.3, 1969.

아니다. 인간의 삶과 존엄의 기본적 욕구를 충족하지 못하는 상황과 제도도 결국 똑같은 결과를 초래한다는 점을 날카롭게 지적하고 있다.[2]

평화에 대한 또 다른 일반적 관점은, 평화는 이견이나 분쟁도 없고 갈등이 드러나지 않는 상태, 또는 개인적으로나 집단적으로 고요하고 평안하게 사는 '평온tranquility'의 상태라는 것이다. 그러나 이러한 관점은 갈등을 자연스러운 삶의 일부로 보지 못한다는 큰 단점이 있다. 결국 갈등을 인식하고 적절하게 해소하려고 노력하는 대신에 사람들이 갈등을 회피하면 사라질 것이라는 잘못된 인식을 갖기 쉽다.

따라서, 진정한 평화는 갈등이나 폭력의 부재 이상을 의미한다. 평화는 대결적이고 파괴적인 상호 작용을 좀 더 협력적이고 발전적인 관계로 전환transformation시키는 과정이다. 이 책의 관점이기도 한 갈등 전환conflict transformation이나 갈등 해결conflict resolution이 바로 이러한 이해에 기초를 두고 있다. 이런 관점에서 평화는 단순히 일반적인 평온의 상태나 의견의 불일치를 해소하려고 가해지는 강압적 질서유지 행위가 아니라, 오히려 풍부한 잠재력과 다양성이 내재되어 있는 '인간관계의 망network of relationships'으로 인식되는 것이 바람직하다.

하지만, 이러한 이해가 구체화되기 위해서는 사회 구조가 제대로 그 기능을 발휘할 수 있도록 개인적 또는 사회적인 다양성을 인식하고,

---

[2] Paul Wehr, *Conflict Regulation* (Boulder, Colorado: Westview Press, 1979), p.14.

사회 전체뿐 아니라 이를 구성하고 있는 집단들의 필요를 만족시킬 수 있어야 한다. 그러나 이런 변화의 과정에서는 기득권이 침해되거나 전통적인 구조가 흔들릴 위험성이 있다. 그럼에도 진정한 평화는 서로 다른 차이와 대결적 관계를 야기한 근본적 원인을 밝히고 그 원인을 건설적으로 해결할 때만 가능하다는 점을 분명히 인식해야 한다.

따라서, 평화와 평화 형성은 갈등이 발생했을 때 부분적으로 대처하는 '땜질'식 해결 기술이 아니라, 갈등이 가시적으로 나타나지 않더라도 적용될 수 있는 더 광범위한 개념으로 이해해야 한다. 평화는 철학이다. 동시에 그 자체가 가치와 규칙을 지니는 하나의 패러다임이다. 이 철학과 패러다임은 통합적이고 인도적인 사회질서를 창조하고자 모든 인간관계를 새롭게 인식하고, 분석하고 이해하는 조절의 틀framework을 제공한다. 이러한 좀 더 포괄적이고 광범위한 이해는 진정한 평화와 평화 형성의 과정을 창조하는 데 가장 기초가 되는 작업이다. 그렇다면 과연 이러한 평화의 정의定義 아래에 놓여 있는 가치와 원칙에는 어떤 것들이 있는지 다음 장에서 좀 더 심도 있게 살펴보자.

2

평화의 가치와 원칙

다음은 갈등을 평화롭게 변화시키기 위한 가장 중요한 몇 가지 가치와 원칙들에 대한 간략한 요약이다.

1. 갈등의 근본적 원인이 규명되고 다뤄지지 않는 한 갈등은 해결될 수 없고, 따라서 평화는 이뤄질 수 없다. 이 말의 함축적 의미는 갈등이 해결되기 위해서는 갈등의 뿌리에 놓여 있는 갈등 당사자들의 요구

와 이해관계뿐만 아니라, 실체적이고 감정적인 문제들까지도 반드시 분쟁 해결 과정 속에서 다뤄져야 한다는 것이다. 즉, 갈등 당사자들 사이에서 평화가 지속적으로 유지되기 위해서는 표면적 문제 이상의 더 깊은 필요가 채워져야 하고 요구가 충족되어야 한다.

2. 갈등 해결의 결과뿐 아니라 그 과정에서 공정성과 정당성이 확보되지 못하면 갈등을 해결하고 평화를 이루는 것은 불가능하다. 정의와 평화를 함께 추구하고 그것이 반드시 같아야만 된다는 것은 아니지만, 정의justice 없는 평화는 의미 없는 이론에 불과하다.[3] 이러한 관점에서 볼 때, 정의를 추구하는 것은 평화를 이루는 과정에서 잘 드러나지 않는 당사자들갈등의 간접 당사자들을 분쟁 해결의 과정에서 외면하지 말아야 한다. 다시 말해 평화를 추구한다는 것은 갈등의 피해자이지만 갈등 상황 속에서 쉽게 드러나지 않는 집단이나 사회의 이해관계와 안녕을 간과한 채 갈등의 직접적 당사자에게만 국한되는 분쟁 해결책을 거부한다는 의미가 담겨 있다.

---

[3] 정의가 평화의 요소이긴 하지만, 평화를 추구하는 것은 정의를 추구하는 것 이상을 의미한다. 평화는 정의의 실현뿐 아니라 정의를 회복해야 할 대상에게 존중과 중립을 기초로 한 긍정적 태도로 대하는 것까지 포함한다. 이 논의에 대한 자세한 내용은 '정의와 평화: 잘못 이해된 관계'에서 자세히 살펴볼 수 있다.

3. 사람들의 기본적 필요는 크게 다르지 않다. 갈등 상황 속에 있는 당사자들은 양측이 모두 수용할 수 있는 공정한 해결책을 스스로 이끌어낼 만한 공통의 이해와 목적을 발견하기 쉽지 않다. 하지만 이것이 불가능한 일은 아니다. 다만 이를 위해 갈등에 영향을 받지 않는 제삼자의 중립적 개입이 필요하다. 만약 갈등 당사자들이 누구나 갖고 있는 인간의 기본적 필요에 초점을 맞춰 문제를 풀려고 한다면, 갈등 상황에 영향을 받는 당사자들이 어느 정도 만족할 만한 창조적인 해결책을 찾는 것은 분명히 가능한 일이다.[4]

4. 갈등을 해결하고 평화를 이루는 일은 새로운 인간관계의 설정을 의미한다. 평화를 이루기 위한 새로운 인간관계 설정은 강요에 의한 일방적인 명령에서 자발적인 참여로, 위계질서에 의해 형성된 상하의 관계에서 평등, 참여, 존중, 상호 번영, 그리고 성장에 의해 형성되는 수평적인 관계로의 전환을 의미한다.[5]

이처럼 좀 더 세부적인 이해를 통해 얻을 수 있는 분명한 사실은 위

---

[4] 마하트마 간디(Mahatma Gandhi)는 "세상은 모든 사람들의 필요를 채우기에는 충분하지만, 모든 사람들의 욕심을 채우기에는 충분하지 않다."고 했다.
[5] John Burton, "Generic Theory: The Basis of Conflict Resolution." *Negotiation Journal* Vol.2, Oct. 1986, pp. 333-44.

에 나열한 가치와 원칙들이 성숙한 인간이 공통적으로 보여주는 태도와 행동 양식, 그리고 관계의 핵심이라는 것이다. 이 관점을 더 설명하기 위해 성숙한 인간의 행동 양식이란 무슨 의미인지 짧게나마 살펴보고자 한다.

인간의 성격은 넓은 의미에서 세 단계를 거치면서 성장한다. 즉 유년기, 청소년기, 그리고 성인기또는 성숙기를 거치는데, 각각의 단계는 대개 일반적 태도와 특정한 행동 양식을 보여준다. 유년기는 스스로 할 수 없는 것이 많기 때문에 스스로의 필요를 충족시키기 위해 전적으로 남에게 의지해야 하는 의존도dependency가 높다. 이와 반대로 청소년기는 의존을 거부하고 오히려 저항하며 독립성independency과 자주성의 필요를 주장한다. 이 시기에는 남을 깊이 배려하기보다는 자신의 이해관계를 좇아 주로 이기적으로 행동하는 특징이 있다. 따라서 스스로 인식한 이해를 추구하려고 자신의 힘과 능력을 의지하는 경향이 나타난다.

성인기는 흔히 개개인이 성숙한 인간으로서 갖춰야 할 잠재력으로 다 채워진 시기를 말한다. 이 시기에 나타나는 행동 양식의 특징은 자신의 이해를 다른 사람의 이해에 순응할 줄 아는 좀 더 넓은 의미의 자아인식에서 비롯된 상호 의존이라 할 수 있다.

상호 의존성의 의미는 '삶이란 모두가 함께 협력하여 노력하고 일하는 것'이란 인식에서 출발한다. 왜냐하면 한 개인의 성공은 다른 사람들과 함께 성공할 때에야 진정으로 가치가 있으며, 집단의 성공도 개인의 성공 없이는 불가능하다는 인식 때문이다. 이런 관점에서 상호 의존은 다른 사람의 필요와 이해에 순응하며, 상생적인 태도로 공동의 이익을 추구하기 위해 자신의 권한과 자주성, 그리고 독립성마저도 양보하는 자발적인 의지를 말한다. 이 시기에는 어느 한쪽의 필요나 가치, 정체성 등의 일방적 희생 없이 협력적이고 상호 생산적이며 상호 의존적인 관계를 맺는 경향이 있다. 이 시기의 사회적 인간관계는 평등, 존중, 상호 이해에 기초한다.

따라서 건강한 인격은 의존 단계에서 독립 단계를 거쳐 상호 의존의 단계로 발전한다고 정의할 수 있다. 같은 맥락에서 앞서 살펴본 갈등 해소를 위한 평화의 가치와 원칙들도 일방적인 중앙 통제적 관계에서 성숙하고 상호 의존적인 관계로 발전한다고 볼 수 있다. 이와 같은 발전 과정은 단지 인간관계에서뿐만 아니라 소그룹, 단체, 사회, 정부 기관에서도 마찬가지로 적용될 수 있다.

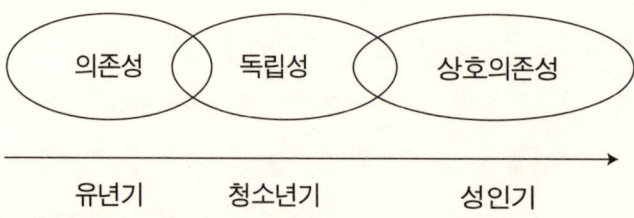

　이 분석에서 알 수 있는 분명한 사실은 평화와 평화 형성의 가치와 태도, 접근 방법 등이 개인적인 관계에서부터 국제 정치·사회적 관계에 이르기까지 다양하게 적용 가능하다는 것이다. 즉, 평화는 단편적인 접근이나 이해를 통해서가 아니라 서로 성숙한 이해와 상호 의존성을 인식해 가는 수평적인 관계 형성의 기초 위에 비로소 자리를 잡아갈 수 있다. 그러나 다음 장에서 지적하듯이 평화는 화해의 의미에서 살펴볼 때 그 범위가 훨씬 더 넓다는 것을 알 수 있다.

3
화해와 갈등 해결

지금까지 갈등 해결은 사회과학 분야 훈련의 한 부분으로 다뤄져 온 경향이 있다. 그러나 간헐적인 논문을 제외한다면 '화해'의 개념을 깊이 있게 연구한 사회과학 서적은 찾아보기 힘들다. 사회과학적 의미와 관계에서도 평화와 평화 사역에 대한 이해는 분명하지 않다. 반면에 이에 관한 대부분의 논의는 신학 분야에서 다뤄지고 있다. 따라서 앞으로 논의할 화해에 대한 신학적 이해가 화해의 개념을 좀 더 명쾌하게 설명하고, 또한 그 작업이 이 글에서 규명하고자 하는 평화에 대한 이해에 얼마나 도움이 되는지 알아보고자 한다. 앞으로 다룰 논의는 필자에게 친숙한 기독교 신학에 기초한다는 것을 밝혀둔다. 하지만 이러한 관점이 반드시 기독교에만 국한되는 것은 아니다. 다른 사람들에게 익숙한 다른 종교를 체계적으로 연구한다면 이와 비슷한 결과를 충분히 찾을 수 있을 것이라고 확신한다.

화해의 다양한 차원

화해의 개념은 기독교 신학에서 매우 중요한 주제다. '화해'라는 영어 단어인 'reconciliation'은 라틴어 'conciliatus'에서 유래되었는데, 이 말은 '함께 오다' 또는 '같이 모이다'라는 뜻이다. 존 넬슨John Nelson에 따르면 화해는 함께 걷는 것, 즉 동행을 의미한다. 즉, 화해는 서로 헤어지고 나뉘었던 사람들이 다시 함께 걷기 시작하는 행동이다.[6] 본질적으로 화해는 갈등으로 인해 서로 멀어지고 헤어졌던 사람들이 다시 모이고, 깨어진 관계가 회복되는 것을 의미한다. 따라서 화해는 갈등 해결을 말하지만 그 차원과 의미는 더 높고 심오하다.

성경은 화해의 개념에 대해 여러 상황을 통해 설명하고 있다. 신구

---

6) John O. Nelson, *Dare to Reconcile: Seven Settings for Creative Community* (New York: Friendship Press, 1969), p.1.

약 성경을 살펴보면, 화해의 개념에 대해 네 가지 차원에서 접근하고 있다는 것을 알 수 있다.7) 각주에 나와 있는 성경 구절들은 이 장과 다음 장에서 중요한 분석 중 한 부분이기 때문에 반드시 참고하기를 바란다.

첫째는 하나님과의 화해이다. 기독교 관점에서 화해는 사람을 하나님으로부터 멀어지게 하는 갈등을 잘 해결함으로써 조화를 이루어내는 과정을 의미한다. 이 단계의 화해는 다음 과정을 통해 가능해진다.

1) 하나님으로부터 스스로 멀어지게 하는 요소가 무엇인지 인식한다.
2) 자신의 잘못된 행동을 회개하고 용서를 구한다.
3) 잘못된 행동을 멀리하며 잘못을 반복하지 않도록 노력한다.

이러한 단계를 거친 뒤에 이루어지는 화해는 결국 개인을 향한 하나님의 은혜와 자비로 완성된다. 더 좋은 표현이 있으면 좋겠지만, 이 차원에서 이야기하는 화해를 '영적 화해spiritual reconciliation'라고 할 수 있다.

화해의 두 번째 차원은 '자신'과의 화해이다. 기독교 세계관에서 보면, 하나님과 화해를 이루면 자기 자신의 내적 갈등internal conflict도 최소

---

7) Walter Burkardt, *Towards Reconciliation* (Washington D. C.: Catholic University Press, 1974.

화된다.[8] 자신이 지니고 있는 죄성罪性으로부터 단절되고 지난 과거의 죄를 용서받고 새롭게 시작하는 느낌은 개인의 평온과 평화, 화합을 이끌어내는 원동력이 된다. 이것이 바로 '자신self과의 화해'이다. 또한 자신과의 화해는 화해의 첫 번째 차원인 영적 화해가 흘러넘침으로써 생겨나는 결과이기도 하다.[9]

화해의 세 번째 차원은 자기 주변의 사람들과의 화해, 더 나아가 사회 전체와의 화해를 말한다. 이 말은 하나님과의 화해를 통해 경험한 용서와 자비를, 이제는 주변의 다른 사람들에게 나누는 것을 의미한다. 용서받은 개인이 이제는 용서하는 사람이 되어 다른 사람들과 화해하는 것이다. 이 화해의 차원 역시 하나님과의 화해를 이룸으로써 넘쳐흐른다. 하나님께 용서받고 하나님과 화해한 존재라는 특권이 용서하고 화해하는 의미 있는 행동을 만들어내는 것이다.[10]

---

[8] 로마서 7장 15-25절에 보면, 사도 바울이 내적 갈등과 인간의 의도와 행동 사이에서 나타나는 모순적 경향에 대해 안타까워하는 모습이 잘 묘사되어 있다. 또한 사도 바울은 그리스도와의 화해가 어떻게 이러한 내적 갈등을 치유하고 있는지 잘 설명하고 있다.
[9] 시편에 영적 화해와 자신과의 화해의 관계에 대해 여러 번 묘사하고 있다. 시편 32편 1-2절을 보면 "허물의 사함을 얻고 그 죄의 가리움을 받은 자는 복이 있도다. 마음에 간사가 없고 여호와께 정죄를 당치 않은 자는 복이 있도다."라고 표현되어 있다. 시편 37편 11절을 보면, "온유한 자는 땅을 차지하며 풍부한 평화로 즐기리로다."라고 기록되어 있다. 또한 요한복음 14장 27절을 보면 평화가 영적 화해에서 비롯되었음을 잘 나타내고 있다. "평화를 너희에게 끼치노니 곧 나의 평화를 너희에게 주노라. 내가 너희에게 주는 것은 세상이 주는 것과 같지 아니하니라. 너희는 마음에 근심도 말고 두려워하지도 말라."
[10] 산상수훈에서 예수는 비유를 통해 첫 번째 화해의 차원(영적 화해)과 세 번째 화해의 차원(이웃과의 화해)의 관계에 대해 설명하고 있다. 감사하게도 자기 주인에게 많은 빚을 탕감 받은 종은, 자신에게 조금 빚진 자에게 자기가 받은 것 같은 용서를 베풀지 않는다. 이 소식을 전해들은 주인은 자신이 그 종에게 베푼 용서를 철회하고 모든 빚을 갚도록 명령한다.

첫 번째 화해의 차원영적 화해과 세 번째 화해의 차원이웃과의 화해의 관계에 대해 성경은 아주 흥미로운 관점을 제시하고 있다. 성경은 이웃과의 화해가 하나님과의 화해를 위해 선행되어야 함을 분명히 증거하고 있다. 마태복음 5장 23-24절에는 "그러므로 예물을 제단에 드리다가^{하나님과의 화해를 위한 행동으로} 거기서 네 형제에게 원망 들을 만한 일이 있는 줄 생각나거든 예물을 제단 앞에 두고 먼저 가서 형제와 화목하고 그후에 와서 예물을 드리라."고 기록되어 있다. 이것은 하나님께서 우리가 개인적으로 불평이나 유감이 있는 이웃과 먼저 화해하지 않는 한 하나님에 대한 화해의 표시로 드리는 어떤 노력도 받지 않으신다는 것을 의미한다.[11] 다시 말해 이웃과의 화해는 하나님과의 화해를 위한 선결조건인 셈이다.

이와 똑같은 조건이 바로 기독교에서 가장 중요시 여기는 기도에도 잘 나타난다. 주기도문에 보면 "우리가 우리에게 죄 지은 자를 용서하여 준 것같이 우리의 죄를 용서하여 주옵시고…."라고 되어 있다.[12]

이 비유의 마지막에 예수는 이렇게 말한다. "너희 각각 중심으로 형제를 용서하지 아니하면 내 천부께서도 너희에게 이와 같이 하시리라."(마 18:23-35)

11) 사도 요한은 이 문제를 더욱 직접적으로 표현하고 있다. "누구든지 하나님을 사랑하노라 하고 그 형제를 미워하면 이는 거짓말하는 자니 보는바 그 형제를 사랑치 아니하는 자가 보지 못하는바 하나님을 사랑할 수가 없느니라."(요한일서 4:20) 버칼트(Burkhardt)는 '하나님에 대한 모든 죄는 하나님에 대한 직접적인 죄가 아니라 다른 사람에게 행해지는 죄를 말한다.'라고 규정했다. 마찬가지로 하나님과의 화해도 결국 하나님께 대한 범죄로 귀결되는, 다른 사람들에게 행한 잘못을 고치는 것에서부터 출발해야 한다. (Burkhardt, Towards Reconciliation, p.20)

12) 마태복음 6장 12절, 6장 14-15절에서 이 말씀은 다시 반복된다. "너희가 사람의 과실을 용

이 구절이 "우리에게 죄 지은 자를 용서할 수 있도록 우리의 죄를 용서하여 주옵소서."라고 하지 않고, "우리가 우리에게 죄 지은 자를 용서하여 준 것같이 우리의 죄를 용서하여 주옵시고…."라고 한 것을 주목해야 한다.

또한 화해의 세 번째 차원인 이웃과의 화해는 두 번째 차원인 자신과의 화해에서 비롯된다는 것을 인식해야 한다. 자신과의 화해를 통해 개인의 이기심과 욕심 그리고 죄로부터 돌아섬으로써 다른 사람에 대한 박애와 동정의 마음이 생길 수 있는 것이다. 이는 곧 사람들로 하여금 주변 사람들의 필요와 관심에 대해 민감하게 반응하게 하고, 정의와 존중, 자비와 사랑의 관계를 찾고 키워갈 수 있도록 해준다.[13] 그리고 성경적으로 그 반대의 상황, 즉 다른 사람을 향한 평화가 결과적으로 자기 자신의 평화를 가져오는 경우 또한 많이 강조하고 있다는 것을 기억해야 한다.[14]

화해의 네 번째 차원은 자연과의 화해이다. 이것은 사람들이 하나

서하면 너희 천부께서도 너희 과실을 용서하시려니와 너희가 사람의 과실을 용서하지 아니하면 너희 아버지께서도 너희의 과실을 용서하지 아니하시리라."
13) 시편 34편 11-15절에 이 관점에 대해 잘 나타나 있다.
14) 빌립보서 4장 8-9절에 사도 바울은 이렇게 말하고 있다. "종말 형제들아 무엇이든지 참되며 무엇에든지 경건하며 무엇에든지 옳으며 무엇에든지 정결하며 무엇에든지 사랑할 만하며 무엇에든지 칭찬할 만하며 무슨 덕이 있든지 무슨 기림이 있든지 이것들을 생각하라. 너희는 내게 배우고 받고 듣고 본 바를 행하라. 그리하면 평화의 하나님이 너희와 함께 계시리라."

님의 창조물인 자연과 대립하고, 자연을 존중하지 않고 악용하며 산다면 하나님과 완전한 화해를 이룰 수 없다는 인식에 기초한다. 지구와 지구환경을 포함하여 인류 외의 다른 피조물을 잘못 이용하는 것은 바로 인간과 창조자와의 관계를 욕되게 하는 것이다.[15] 따라서 이러한 화해는 인간이 자연과 생태학적 시스템을 존중하고 환경을 보호하는 관리자로서의 관계 형성을 요구한다. 이 관계는 창세기에 나타난 생태계와 인간과의 관계를 살펴봄으로써 더욱 분명히 알 수 있다.

창세기 2장 7절에는 "여호와 하나님이 흙으로 사람을 지으시고 생기를 그 코에 불어넣으시니 사람이 생령生靈이 된지라."라고 기록되어 있다. 더 나아가, 2장 8절과 15절에는 "여호와 하나님이 동방의 에덴에 동산을 창설하시고…. 그 사람을 이끌어 동산에 두사 그것을 다스리며 지키게 하시고"라고 기록되어 있다. 이 구절을 보면, 인간은 영spirit과 물질matter로 만들어졌으며, 이 물질은 바로 땅흙에서 나왔다는 것이다.

결국 자기 자신과 화해한다는 것은 그 사람의 영적인 자아뿐만 아니라 흙으로부터 온 물질적 자아까지 화해하는 것을 포함한다는 뜻이다. 바꿔 말하면, 지구의 환경을 오용하고 파괴하면서 자신과 화해하고 평화를 이뤘다고 주장하는 것은 불가능하다는 말이다. 이러한 맥락에

---

15) 시편 24편 1절에서는 "땅은 여호와의 것이로다.", 레위기 25장 23-24절에서 하나님은 "토지는 다 내 것임이라…, 너희는 나그네요 우거하는 자로서 나와 함께 있으니라."라고 말씀하신다.

서 보면 자연을 향한 파괴적인 태도나 위해적인 행동은 자신에게만 해가 되는 것이 아니라, 같은 환경을 나누며 살아야 하는 다른 사람들에게도 똑같이 해가 된다. 더욱이 창세기 2장 15절에 나오는 지구동산으로 표현된와 인류의 관계는 관리자와 피관리자가 상호 보호하는 관계이지, 일방적으로 약탈하거나 이기적이고 무책임하게 지배하는 관계가 아니다.[16] 사실 레위기 25장에 나오는 희년the Jubilee의 개념도 역시 환경 사이의 균형과 조화 그리고 상호 돌봄의 필요를 강조함으로써 이러한 견해를 뒷받침하고 있다.[17]

화해에 대한 이러한 네 가지 차원의 신학적 개념은 다음 그림이 나타내는 것처럼 상호 밀접하게 관련된 일련의 원 안에서 연결 방향을 가

---

[16] 창세기 1장 28절을 해석하는 관점 가운데 "하나님께서 그들에게 복을 주시며 이르시되 생육하고 번성하여 땅에 충만하라, 땅을 정복하라."라는 구절을 인간이 자연을 마음대로 이용할 수 있다는 일종의 자격증으로 이해하는 경우가 있다. 그러나 많은 사람들은 '정복하라(subdue)'라는 말이 하나님이 인류에게 지구를 이용할 수 있는 무한한 권한을 준 거라고 생각하지 않는다. 지구가 하나님에게 속한 것이기 때문에(시편24:1) 인간은 단지 하나님의 것을 관리하는 집사의 역할을 맡은 것이다. 버칼트(Burkhardt)의 *Towards Reconciliation* p.29 참고할 것. 또한 포레스터 처치(Forrester Church)가 말한 것처럼 창세기 첫 장을 보면 인간은 하나님의 형상에 따라 지어졌다. 우리는 이 땅을 다스리고, 번성하고 정복할 책임을 맡고 있다고 기록되어 있다. 하지만 둘째 장에서는 분명히 우리가 이 땅을 다스리는 것이 아니라 '입히고 가꾸기 위해서' 이곳에 부름 받은 것이다. 포레스터 처치의 The Seven Deadly Virtues (San Francisco: Harper and Row, 1998), p 62 참고할 것.
[17] 이러한 관점의 한 가지 예는 레위기에 잘 표현되어 있는 것처럼 자연에 대한 보존과 보상이다. "너희는 내가 너희에게 주는 땅에 들어간 후에 그 땅으로 여호와 앞에 제 칠년에는 안식하게 하라. 너는 육년 동안 그 밭에 파종하거나 포도원을 다스리지 말며 너의 곡물의 스스로 난 것을 거두지 말고, 다스리지 아니한 포도나무의 맺은 열매를 거두지 말라. 이는 땅의 안식년임이니라. 안식년의 소출은 너희의 먹을 것이니 너와 네 남종과 네 여종과 네 품꾼과 너와 함께 거하는 객과 네 육축과 네 땅에 있는 들짐승들이 다 그 소산으로 식물을 삼을지니라."(레위기 25: 1-7)

리키는 화살표로 가시화될 수 있다.

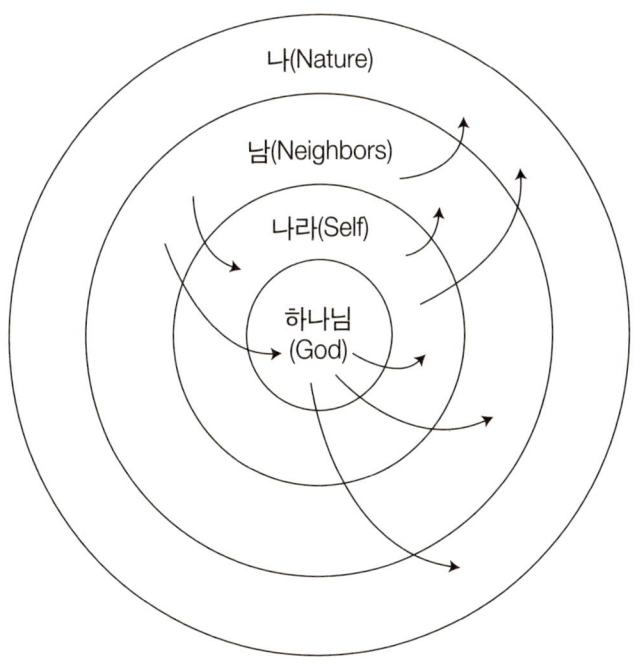

만약 이 화해의 네 가지 차원을 사회과학적 용어를 사용하여 각 단계로 나누면 다음 표와 같다.

| 생태학적 단계 |
| 사회적 단계 |
| 개인적 · 심리적 단계 |
| 영적 단계 |

평화와 화해의 패러다임

화해에 대한 분석이 갖는 의미가 매우 광범위하기 때문에 인간관계의 많은 영역에서 이 분석이 중요하게 적용될 수 있다는 것은 미루어 짐작할 수 있다. 그렇다면 이와 같은 화해에 대한 분석이 지닌 구체적 의미는 무엇인가? 이 분석이 평화와 평화 형성의 영역에서 우리에게 시사하는 바는 무엇인가? 평화와 화해의 개념이 갈등 외의 삶과 인간 상호관계에 미치는 영향은 무엇인가? 이러한 질문들에 대답하기 위하여 이 장에서는 평화와 평화 형성에 관한 이해, 화해를 위한 교회의 역할, 통치와 국가 형성의 과정 그리고 개발도상국의 경제 성장과 번영이라는 주제에 입각해서 논의를 진전시키고자 한다. 이 장에 등장하는 몇 가지 실례들은 필자에게 익숙한 아프리카의 상황을 기초로 한다는 것을 미리 밝혀둔다.

평화와 평화 형성에 관한 이해

앞의 장에서 언급한 화해의 네 가지 차원에 대한 분석이 주는 가장 중요한 의미는 평화가 우리 삶의 많은 부분을 포괄하는 매우 광범위한 개념이라는 것이다. 사회과학적 관점에서는 평화의 범위가 주로 개인이나 사회적 관계로 국한된다. 반면에 화해에 대한 분석에서 평화의 영역은 매우 개인적이고 깊이 있는 영적 단계로부터 개인의 심리적 단계, 사회적 단계, 그리고 생태학적 단계에 이르기까지 다양하게 확대된다. 이 관점에 의하면 평화는 개인, 사회, 그리고 자연을 통합한다. 따라서 평화는 단순히 사회적 분쟁을 다루는 기술이 아니라 넓은 의미에서 삶과 인간관계를 인식하는 통합적 인식체계, 즉 패러다임이 된다. 화해의 개념은 앞에서 언급한 사회과학 분야의 갈등 해결에서 다루어지는 '상호의존interdependence'의 개념에 기초하고 있다.

하지만 여기서 말하는 상호의존은 단순히 실용적 현실주의의 결과가 아니라, 인간과 자연이 동일한 토대 위에 연계되어 있다는 깊은 영적·물질적 차원의 상호연관성에 기초하고 있다. 따라서 화해의 개념은 평화의 범위만을 확장하는 것이 아니라 평화를 논의하기 위한 통합적이고 그래서 고상하기까지 한 높은 차원의 이해의 틀을 제공하고 있다.

이 분석의 두 번째 중요한 의미는 다양한 화해의 차원이 서로 밀접하게 관련되어 있다는 점을 지적하고 있다는 것이다. 영적 화해가 개인적 화해로 이어지고 개인적 화해가 사회적 화해로, 사회적 화해가 다시 생태계적 화해로 옮겨지는 것이다. 내적 평화와 외적 평화는 서로 깊은 관련 있다. 다른 사람과 평화로운 관계를 만들 수 있는 능력은 자기 자신과 평화로울 때 비로소 생긴다. 내적 갈등으로 인해 혼란스러운 사람은 다른 사람과도 평화하기 힘들다. 마찬가지로 자기 자신과 평화로울 수 있는 사람은 영적·사회적 차원의 평화를 이루어낼 수 있는 능력이 있다. 결국 이러한 화해에 대한 새로운 패러다임은 평화 형성의 다양한 차원을 수용할 수 있는 독특한 접근 방법을 요구한다.

이 분석의 세 번째 중요한 의미는 평화와 평화 형성이 상당히 많은 영적 차원을 보여준다는 것이다. 실제로 이 분석에 따르면 영적 차원의 평화는 모든 과정의 중심을 이루고 있다. 그러나 이것이 영적 단계의 평화가 없다고 해서 사회적 차원의 평화가 완전히 불가능하다 것을 의미하는 것은 아니다. 하지만 평화 형성 과정은 인간의 부정적 행동을 유발할 수 있는 정신적 차원(예를 들어 증오, 모욕, 냉담, 이기심 등)을 포함할 수밖에 없다. 따라서 영적 차원의 평화가 정의롭고 지속적인 분쟁 해결책을 찾는 과정을 좀 더 건설적인 방향으로 이끌어간다는 것에는 의심할 여지가 없다.

실제로 일반적인 평화 회담에 나오는 갈등 당사자들은 자기중심적인 생각으로 손익을 계산하고, 상대방에게 분쟁의 모든 책임을 돌리려고 진작부터 마음을 정한 경우가 대부분이다. 또한 양측은 흔히 자신들의 잘못이나 약점을 최소화하거나 부인하려는 태도를 갖고 대화나 협상에 임하는 동시에, 할 수 있는 모든 수단을 동원하여 상대로부터 최대한의 양보를 얻어내려고 노력한다.

반면에 평화를 만드는 과정에서 영적 차원이 깊이 고려된다면 갈등 당사자들 스스로 자신들의 문제 해결 태도와 행동을 비판적으로 바라볼 수 있는 깊이 있고 효율적인 능력을 지닐 수 있다. 결국 영적 차원의 화해는 갈등 상황이 주어지거나 상호 이해적인 해결을 추구할 때 쌍방이 자신의 잘못을 인정하고 책임을 받아들이기도 하고, 심지어는 자신들의 요구를 철회하고 상대에게 이해와 용서를 구하는 데까지 발전하게 만든다.[18]

---

18) 일반적 협상이나 중재는 매우 이성적인 과정을 거친다. 하지만 인간관계 갈등에 의해 발생된 문제는 반드시 이성적이기보다 약간은 감정적 사항을 고려해야 한다. 그렇기 때문에 갈등이 협상과 같이 이성적 과정이나 합의에 의해서 쉽게 해결되지 않을 수도 있다. 이성적

교회의 사명

이렇게 화해를 분석하여 얻을 수 있는 가장 중요한 결론 중 하나는 화해와 평화 형성이 기독교 교회에게는 선택이 아니라 명령이라는 점이다. 교회는 흔히 자신들의 최우선 임무를 하나님과 인간 사이의 화해를 추구하는 것으로 믿어 왔다. 자신과의 화해는 기껏해야 하나님과 화해하는 과정의 부산물 정도로만 인식했다. 따라서 대부분의 교회 역량은 사람들이 죄를 멀리하고 하나님께 용서를 구하도록 하여 그 과정을 통해 하나님과의 화해를 촉진하는 개념이나 방법을 발전시키는 쪽으로만 편중되어온 경향이 있다.

그러나 앞에서도 언급한 바와 같이 사회적 갈등 상황에서 사람들과 먼저 화해하지 않은 상태에서 하나님과 화해한다는 것은 불가능한 일이다. 하나님께서는 우리들이 자신의 형제자매와 화해하지 않는 한

으로 만들어진 결정이나 결심은 감정이나 행동으로 옮겨지기가 늘 쉽지는 않다. 이러한 인식과 실제의 차이, 의도와 행동의 차이는 로마서에서 사도 바울이 잘 표현한 내적 모순과 정신적 분열과 닮은 점이 많다. "나의 행하는 것을 내가 알지 못하노니 곧 원하는 이것은 행하지 아니하고 도리어 미워하는 그것을 함이라…. 내 속 곧 내 육신에 선한 것이 거하지 아니하는 줄을 아노니 원함이 내게 있으나 선을 행하는 것은 없노라…. 만일 내가 원치 아니하는 그것을 하면 이를 행하는 자가 내가 아니요 내 속에 거하는 죄니라. 그러므로 내가 한 법을 깨달았노니, 곧 선을 행하기 원하는 나에게 악이 함께 있는 것이로다. 내 속 사람으로는 하나님의 법을 즐거워하되 내 지체 속에서 한 다른 법이 내 마음의 법과 싸워 내 지체 속에 있는 죄의 법 아래로 나를 사로잡아 오는 것을 보는 도다. 오호라, 나는 곤고한 사람이로다. 이 사망의 몸에서 누가 나를 건져 내랴. 우리 주 예수 그리스도로 말미암아 하나님께 감사하리로다."(로마서 7:15-25) 따라서 극도의 모순이 드러나고 분열을 일으키는 감정적, 정신적 문제들이 해결될 수 있는 영적 환경의 제공은 사도 바울이 로마서 7장 25절에서 언급한 것과 같이 모순에 갇혀버린 사람에게 자유와 화해를 가져다줄 수 있다.

그 제사를 받지 않으신다.마태복음 5:23-25; 요한일서 4:20 그리고 자신들에게 죄 지은 사람을 용서하기 전에는 사람들의 죄를 용서하지 않으신다.마태복음 18:23-35; 16:12-15 따라서, 주로 서로에게 원한이 쌓이거나 상처를 가하는 갈등 상황에서 교회가 먼저 사람들 사이의 틈을 잇는 다리가 되지 않는 한 하나님과 인간 사이의 틈을 아무리 좁히려 해도, 사회적 화해의 기관으로서 교회가 하나님께 드리는 제사는 무의미한 일이 되고 만다. 만약 교회가 교회 본연의 영적 화해의 사회적 측면을 인식하지 못하고 사람들 사이를 화평케 하는 의무를 다하지 못한다면 이는 자신의 책임을 저버리는 것이다.

교회는 이 화해의 책임을 다양한 방법을 통해 이룰 수 있어야 한다. 특히 갈등이 지속되는 사회에서 교회는 사회적 화해를 이루기 위한 토대를 만들어 가거나 준비해야 한다. 교회가 하나님과 사람 사이의 화해 사역을 수행해온 이상, 이제 교회는 교인들에게 다른 사람들과, 또 주변 생태계와의 관계에서 화해하도록 도전을 줄 필요가 있다. 하나님과 화해하기 위해 거쳐야 하는 회개는 이웃이나 인종, 국가와 같은 다른 대상의 사람들과 주변 환경을 향한 자신의 태도를 점검하고 자기를 비판하는 것도 반드시 포함되어야 한다. 항상 다른 사람들이 우리에게 어떻게 했는지를 지적하기보다 자신의 행동을 회개하고 자기를 점검하는 영적 자세는 남의 행동을 자극하기 좋아하는 모순된 우리의 행동을 비판적으로 바라볼 수 있게 한다. 교회는 본연의 목회적 기능과 선지자적 활동을 통해 자기 비판적이고 자아 성찰적인 메시지를 개인, 집단, 지역 사회, 그리고 국가의 단계에까지 전할 수 있어야 한다.

물론 교회는 이런 토양을 마련하는 일 외에도 분쟁으로 나뉘지고 서로 멀어진 사람들 사이에 다리를 놓는 일, 원수와 화해하는 일, 그리고 원수가 된 사람들 사이에 사랑의 공동체를 형성하는 일에 직접적으로 관여할 필요가 있다.[19] 하지만 교회가 이러한 평화 사역을 위해 신뢰받는 기관이 되기 위해서는 먼저 자신이 본보기가 되는 것이 필요하다. 교회는 교회 자체의 부정과 갈등과 사회의 갈등 형성에 나름대로 공헌한 책임과 잘못이 있음을 인정하고 밝혀야 한다. 교회는 교인들이 성장할 수 있도록 성령 안에서 서로 고백할 수 있는 구조를 마련하고, 교인들을 회개와 용서의 공동체로 이끌어야 한다. 화해하지 않는 교회는 다른 사람들을 화해시킬 수도 없기에, 먼저 다양한 기독교 교단 사이에서도 화해를 증진시키는 일이 일어나야 한다. 그렇게 함으로써 교회는 세상을 변화시키는 화해자로서의 역할을 감당할 수 있는 영적·도덕적 정당성을 인정받을 수 있다.

---

[19] 교회의 에큐메니컬(ecumenical) 기관들이 주요 분쟁 상황에서 어떻게 직접적인 평화 사역과 화해 조성에 도움을 주고 있는지를 보여주는 대표적인 예들은 히즈키아스 아세파의 책, *Mediation of Civil Wars: Approaches and Strategies The Sudan Conflict* (Boulder, Colorado: Westview Press, 1987)를 참조할 것.

정치제도

역사적으로 식민지 상태에서 독립을 이룬 대부분의 신생 국가들은 군부나 일당 독재의 억압적 정치 구조를 경험했다. 하지만 아프리카 대륙의 예를 들면, '아프리카의 제2의 해방기'로 불리는 1988년 말부터 이러한 독재적 일당 정권이 붕괴되고 다수정당 정치제도multi-party politics로 대치되기 시작했다. 결국 아프리카의 많은 국가들이 경쟁적인 정치 유세와 선거제도를 통해 이뤄지는 정치 과정에 참여하게 된 것이다. 그렇다면 지금까지 이야기해 왔던 화해와 평화의 패러다임이 소위 제3세계라고 불리는 나라들의 '민주화 과정'에 어떤 중요한 영향을 주는 것일까? 이 패러다임이 어떤 정보와 어떤 비판적 시각을 제공하는지, 또한 어떤 대안적 관점에서 민주화 과정을 평가하고 있는지 알아볼 필요가 있다.

식민지 정책 아래에서 오랫동안 진행되어온 정치적 억압 상황은 독립된 미래를 갈망하는 많은 피억압자들의 희망을 좌절시켰지만, 동시에 자유와 참여가 보장된 정치제도로의 전환을 꿈꾸며 억압적 정부를 붕괴시키는 힘없는 대중의 폭발적 변화의 원동력이 되기도 했다. 대부분의 개혁 그룹들은 과거의 억압적 정치제도에 대한 대안으로서 다수정당제를 자연스럽게 받아들이는 분위기였다. 심지어 그중 일부 국가는 이 방법만이 민주화로 가는 유일한 길이라 보고 있었다. 하지만 우리는 아프리카의 신생 독립 국가에서 일고 있는 다수정당제의 실험에 대해 맹목적으로 빠져들기 전에 좀 더 조심스럽게 접근할 필요가 있다는 신중한 입장을 취해야 한다.

우선, 다수정당제는 이 정치제도를 발전시킨 나라들의 특정한 경제적, 문화적, 역사적 배경을 반영하는 사회 철학에 기초한다는 점을 반드시 인식해야 한다. 다수정당제는 만약 개인과 집단이 '의견의 장 market place of idea'에서 자신들의 의견을 자유롭게 표출할 수 있고, 이 경쟁에서 다수에 의해 '구매'된 의사ideas, 즉 선거라는 방법을 통해 선택된 의사가 대중적 의견을 반영한다면 결국 더 나은 사회가 된다는 신념에 기초를 두고 있다. 따라서 다수정당제는 누구나 정부와 함께 정책 결정에 참여할 수 있는 기회를 제공받는다는 것을 전제로 하고 있다.

따라서, 이 제도가 원래의 의도대로 원활하게 시행되기 위해서는 선행되어야 할 여러 가지 기본 조건이 있다. 그중 하나가 바로 모든 사람들이 똑같이 자신의 의견이나 관점을 '의견의 장'에서 자유로이 사고 파는 공평한 기회를 가져야 한다는 것이다. 하지만 우리가 다수정당제를 이미 시행하고 있는 많은 나라들에서 보듯이, 경쟁적인 다수정당제 안에서 자신의 생각과 의견을 사고판다는 것은 엄청난 규모의 조직과 비용, 그리고 인력을 요구한다. 이런 수단을 갖기 어려운 일반 대중은 대개 자신의 의견이나 생각을 팔 수 있는 기회가 매우 제한적일 수밖에 없다. 따라서 자신의 견해와 영향력을 행사할 수 있는 사람들은 결국 경제적 부(富)나 인맥, 또는 거대한 조직망을 가진 사람들로 한정되게 마련이다.

    자유 시장경제 체제 안에서 수요가 공급을 유발하는 것처럼 다수 정당제도 안에서는 원칙적으로 일반 대중의 의견이나 선호가 정부의 정책 결정을 이끌어내는 자극제가 되어야 한다. 정당들은 의도적으로 대중적 성향을 대표하는 통로가 되려고 노력해야 하고, 그것이 자신들의 사회적 정책 결정의 기초가 되어야 한다. 하지만 현실적으로는 자유 시장경제 체제 안에서 시장 원리가 왜곡되어 거꾸로 공급이 수요를 창출하는 현상이 나타나는 것과 마찬가지로,[20] 다수정당 정치제도에서는 정치인, 정당 지도층, 또는 영향력 있는 몇몇 개인이나 그룹들이 여론을 형성하여 거꾸로 자신들의 의견을 대중에 파는 현상이 일어난다. 이런 현상은 일부 정치인들이 기만적인 대중 매체, 왜곡, 뇌물, 부패 등 모든 방법을 동원하여 자신들의 주장을 일반 대중이 지지해 주기를 갈망하기 때문에 생겨난다.

    감언이설로 대중의 마음을 사로잡는 일부 정치인 집단이나, 선동적인 인기를 좋아하는 일부 대중 매체에 의해 만들어지는 내용을 비판

---

[20] 이에 대해서는 다음 장에서 분석하고 있는 경제 성장과 번영을 위한 자유 시장적 접근을 참고할 것.

적으로 검증할 능력이 상대적으로 떨어지는 아프리카처럼 문명화가 덜 된 나라들은 말할 것도 없지만, 문명이 발달했다는 미국과 같은 소위 선진국에서도 이런 정치적 기만과 조장이 얼마나 교묘하게 자행되고 있는지 우리는 잘 알고 있다. 대중적 선전문구나 여론을 형성하는 대중 매체, 또는 전문화되어 가는 정치인들의 이미지 메이킹image making이 점차 정치적 캠페인과 대중적 설득의 일반적 특징이 되어 가고 있는 것이 소위 선진 정치의 현실이다. 그리고 이 현실은 의미 있는 선택을 유도한다는 선거 본연의 목적과 일반 대중의 의사가 효과적으로 정책에 반영된다는 민주주의의 특징을 점점 희석시키고 있다. 일반 대중과 소위 민주정부라고 불리는 정치적 주체와의 괴리 현상은 선진국에서 지속적으로 감소하고 있는 국민 투표 참가율을 보면 분명히 알 수 있다.

아프리카의 경우를 보더라도, 대부분의 다수정당 정치에 기초한 선거는 일반 대중들이 정부의 정책 결정에 참여할 수 있는 효과적인 통로가 되기보다는, 정권을 뺏고 빼앗는 정권 창출의 장으로 활용되는 경우가 많다. 이러한 선거는 한 두 소수 민족을 대표하는 정치 집단이 지금까지 정권을 잡고 있던 다른 소수 민족 집단을 단순히 대체하고, 결국 어떤 정치적 입장을 대표하는 한 엘리트 집단이 다른 엘리트 집단을 대체하는 결과를 낳고 말았다. 불행하게도 이런 소수 정치 집단에 의한 정쟁의 와중에 일반 대중은 여전히 자신의 정부로부터 소외되어 따로

떨어진 채 남게 된다. 그래서 정부 여당이나 야당에서 중시하는 현안들은 흔히 일반 대중의 삶이나 관심사, 그리고 우선순위로부터 멀리 동떨어진 경우가 많다.

다수정당제도의 또 다른 문제점은 경쟁을 의사결정의 최선의 방법으로 본다는 점이다. 물론 경쟁적인 의사결정 과정이 지니는 장점도 많다. 하지만 경쟁적인 의사결정 과정은 상대를 비방하기 쉬운 구조를 만들고 사안을 중복하거나 시간과 자원을 낭비하기 쉽다. 이와 반대로 합리적인 협력적 의사결정 과정을 가질 수 있다면 정신적으로 더욱 건강한 사회적 환경을 조성하면서도 경쟁적 과정이 본래 추구하고자 하는 질적으로 좋은 결과를 낳을 수 있다.[21]

다수정당 정치의 가장 큰 문제점은 선거 경쟁 과정에서 승패에 대한 강한 집착의 정도와 상당한 관련이 있다. 승자가 승리감에 젖어 득의양양하는 동안 패자는 그 패배의 아픔을 삼켜야만 한다. 패배한 쪽은 반드시 패배를 인정하고 다음 선거에는 상대편을 이길 수 있다는 희망과 함께 다음 기회를 기다린다. 이러한 제도는 사회적 합의가 견고하고 정당 간의 경쟁 정도가 상대적으로 낮은 사회에서는 효과적으로 적용될 수 있다.

---

21) Alfie Cohen, *No contest The Case Against Competition— Why we lose in our race to win* (Boston: Houghton Mifflin, 1986)을 참고 할 것.

예를 들어, 미국에서 일반 대중과 전통적 양당 사이에는 사회와 경제, 그리고 정부에 관한 일반적 지향점에 대해 광범위한 합의가 전제되어 있다. 따라서 대부분의 경우 민주당과 공화당 사이의 견해차이라는 것은 각 항목에 대한 정도와 다양성의 차이일 뿐, 사회를 어떠한 체계로 만들 것인가에 대한 극단적이고 근본적인 차이가 결코 아니다. 이런 환경 속에서는 한 정당에 대한 다른 정당의 승리는 패배한 당과 그 지지자들에게 받아들이기 어려운 극단적이고 심각한 패배는 아니다. 또한 선거의 패배가 국가 안보나 안녕을 위협하는 위험 요소로 직결되지 않으며, 정당 활동을 하지 못하는 극한 상황을 만들지도 않는다. 따라서 정당의 지도자나 지지자들은 상대적으로 쉽게 패배를 인정하고 다음 선거의 기회를 기다린다.

그러나 아프리카의 많은 나라와 같이 인종이나 종교 등의 이유 때문에 사회 내에 깊은 분열이 존재하고, 사회적 화합이 불투명하여 아주 기초적인 정치 문제들, 즉 국가의 본질, 경제의 본질, 국가 권력이 어디에서 비롯되는지에 대한 문제, 경제적·정치적 제도의 접근 범위, 권력과 책임에 대한 견제 방법 등에 대한 국민적 합의가 미미한 나라에서는 다수정당 간의 경쟁이 사회정치적 문제들에 대한 해결책을 제공하기보다는 분열을 야기하기가 쉽다. 사회적 긴장이 높아지는 상황에서 권력을 지니는 것은 거의 모든 것을 얻는 것이지만, 권력을 잃는 측은 매우 비싼 값을 치를 수밖에 없다. 많은 사회적 문제들에 대한 국민적 합의의 부재와, 이런 합의를 이끌어내고 유지하며 실행시킬 수 있는 제도와 기구의 부족은, 승자로 하여금 권력을 장악한 후 자기 측에 유리하게 사회 문제들을 규정하게 만들고 제도를 임의대로 개편할 소지가 있는 위험을 안고 있다. 특히 정당을 구분하는 중요한 요건이 인종이나 민족 또는 극단적 이념일 때에는 선거에서 패한다는 것은 한 정당으로 대표되는 특정 집단이 권력의 핵심으로부터 제외되는 것을 의미하고, 이는 곧 그 집단에 대한 차별과 억압으로까지 발전할 수 있다.

    또한 인종적, 이념적, 정치적으로 양분되어 있는 상황에서 선거의 패배는, 곧 다음 선거까지 살아남지 못할 수도 있다는 절박감으로 다가오기도 한다. 따라서 선거에서 경쟁하는 정당들은 어떤 수단을 동원해서라도 승리하려고 한다. 상대적으로 안정된 사회에서의 다수 정당제는 사람들에게 "승리가 모든 것은 아니다."라는 격언을 인정하게 할지는 몰라도, 깊이 분열되어 있는 사회에서는 선거의 승리가 유일한 선택으로 다가올 수밖에 없다.

    실제로 내전이나 정치적 폭력 사태를 경험한 사회에서는 정치적 캠페인이나 선거 같은 다수정당 정치제도의 과정이 전쟁을 치르는 또 다른 방법으로 사용된다. 다만 말[言]이 탄약으로, 기만과 위협적인 협박이 총칼 대신 사용될 뿐이다. 이런 상황에서 경쟁하고 있는 정당 사이에 흔히 나타나는 사고 체계는 전시와 비슷하다. 즉, 깊은 원한과 경멸, 그리고 복수를 향한 욕망과 비타협적 자세 등으로 나타난다. 비록 전쟁보다는 덜 치명적이겠지만, 선거의 결과는 그와 관련된 사람들에게 전쟁의 후유증과 비슷한 정신적 상처를 남긴다. 그렇기 때문에 그 과정이 얼마나 공정했는지 상관없이 선거의 결과는 의심과 도전의 대상이 되는 경우로 나타난다. 결국 이런 상황 속에서 치러지는 선거는 논쟁적인 사회 문제들을 해결하기보다 새로운 불확실성과 공포, 분노, 긴장, 심지어 공공연한 적대감의 악순환을 반복한다.

이런 특징을 잘 보여준 것이 앙골라의 선거였다. 휴전 협정이 맺어진 후로 앙골라 국민들은 다수정당의 정치 선거가 정부의 정치에 관한 전쟁의 주요 사안들을 잘 해결할 줄로 믿었다. 그러나 비록 선거가 치러지고 UNITA앙골라전면독립민족동맹가 패배했지만, 자신들의 요구와 관심, 그리고 이해관계가 정권을 잡은 반대파에 의해 잘 수용되지 않는다고 느꼈고, 결국 UNITA는 계속해서 무장 투쟁에 나섰다. 앙골라 사회는 여러 세대를 거쳐 분열되어 왔기 때문에 정치, 사회에 관한 아주 기본적인 문제들에 대한 확고한 사회적 합의를 이루는 것이 쉽지 않았다. 그리고 대다수의 국민들이 직접 정치권력을 다스리지 않아도 자신들의 이해관계가 광범위하게 받아들여진다고 느낄 만큼 정치제도에 대한 충분한 신뢰도 쌓이지 않았다. 따라서 사회적 합의와 공동의 비전이 없는 상황에서 누가 권력을 잡을 것인가의 문제는 삶과 죽음의 문제일 수밖에 없었으며, 다수정당제 선거의 승패 구도는 단지 그 문제를 부추기는 결과만을 초래하였다.

정치적으로 불안정한 몇몇 나라에서는 종종 내전의 원인이 되는 논쟁적인 사회의 주요 문제들을 잘 '다루기' 위해 경쟁적 선거제도를 받아들이는 시도를 해왔다.[22] 하지만 이들 나라는 중대한 국가적 문제에 대한 사회적 합의의 경험이 부족하거나 장기화된 무력 분쟁으로 인해 이뤄졌던 합의마저도 깨져버린 상태가 대부분이다. 결국 선거에서 패배한 정당은 국민 과반수가 자신들에게 반대표를 던졌다는 것을 인정하지 않으려 한다. 앙골라의 UNITA나 남아공의 소수 우익 백인들이 여러 상황에서 주장했던 것처럼 선거 과정을 문제 삼든지 분리를 주장하는 방법을 찾을 것이다. 이들은 자신들의 관점이 관철될 때까지 계속해서 무장 투쟁을 전개하기도 한다. 결국 선거는 처음에 해결하려고 의도했던 문제들을 해결하는 대신에 부룬디, 에티오피아, 케냐 같은 많은 나라에서 보듯이 새로운 긴장을 일으키는 과정으로 전락하고 만다.

문제가 내부에 있든 외부에 있든 간에 뿌리 깊은 민족적, 종교적, 이념적, 정치적, 그리고 심지어 인종적 분열이 존재하는 제3세계의 많은 나라의 현실에서는, 분열을 최소화하고 공동체의 조화를 키우는 동

---

[22] 1993년 당시 대표적 예가 되는 나라는 라이베리아, 소말리아, 모잠비크이다.

시에 가장 의미 있는 참여를 이끌어낼 수 있는 정치적 의사결정 과정은 무엇인가라는 고민이 생길 수밖에 없다.

역사적으로 아프리카 대륙의 많은 나라가 겪고 있는 사회적 분열과 억압은 단지 독립 이후 시기post-independence의 현상만은 아니다. 이는 수 세기에 걸쳐 진행되어온 현상이다. 부당한 통치와 억압, 그리고 내전으로 점철된 독립 이후 30년간의 혼란기 이전에는 300년에 걸친 모욕적인 노예 생활과 100여 년이 넘는 식민지 생활이 먼저 존재했었다. 각 시기마다 아프리카인들에게는 씻을 수 없는 깊은 상처를 남겼고, 그 고통의 역사는 세대를 걸쳐 진행되었다. 이처럼 오랜 기간에 걸쳐 의도적으로 자행되어온 파괴와 시련, 고통, 좌절에도 불구하고 살아남은 모든 식민지 국민들이 지니고 있는 그들만의 문화적 저력과 회복력은 가히 경이롭기까지 하다. 이러한 인내의 이면에 깔려 있는 저력은 이들 국가를 이해하고 발전적인 세계의 미래를 만들어가는 데 중요한 단서가 되기 때문에 깊이 연구해볼 대상이다. 그렇다면 험한 역사의 과정을 경험해온 사회들이 오랜 내외적 고통의 역사 속에서 지금까지 입은 피해를 보상할 수 있는 정치적·사회적 의사결정 과정은 과연 무엇일까?

건강한 정치는 무엇보다도 합의 과정을 장려하는 공통의 기반을 요구한다. 또한 배타적 자세보다는 포용을 중시한다. 다수정당 정치의 선거제도가 갖는 승패의 방식과 달리 '화해 정치reconciliation politics'에서는 전적인 승자도 패자도 없는 모두가 함께 최대한 승리하는 것을 목표로 한다. 정책 결정이 다수결의 원칙에 의해서만 이뤄지는 것이 아니라, 갈등분쟁 해결 분야에서 '이해 협상interest negotiation'이라고 부르는 과정을 통해서 이뤄진다. 이 과정은 정책 결정에 영향을 받는 모든 이해당사자들의 이해와 요구를 조정할 수 있는 해결책이 나올 때까지 당사자들이 '주고받기식' 협상을 계속하는 것을 말한다. 개인 또는 집단 간의 이런 지속적인 이해 협상 과정에서 지도자들이 해야 할 가장 중요한 역할은 앞에서 언급한 평화와 화해의 패러다임으로부터 나온 기술과 원칙들에 입각한 '이해관계 중재자'의 역할일 것이다.

'화해의 정치'는 깊이 분열된 사회에서 사회적 치유social healing가 선거에 앞서 시행되어야 한다고 믿는다. 다수정당 정치 선거와 캠페인은 민족적·사회적 상처를 다시 드러나게 하고, 국민 간의 분열과 대립, 공포와 불신을 조성하기 쉽다. 따라서 '화해의 정치'는 이런 정치 환경 속에서 과거의 사회적 상처가 치유될 때까지 다수정당 정치 선거가 연기되어야 한다고 주장한다. 치유와 합의의 건설 과정은 선거를 조직하는 것보다 더 많은 시간을 요구할 수 있을 것이다. 그렇지만 '화해의 정치'는 궁극적으로 사회적 요구를 충족시키지 못하는 단기적 효과보다는 장기적 접근 방법을 중시한다.

민주화를 향한 시발점으로 아프리카의 몇몇 나라에서는 국가 대표자회의national conventions를 실험적으로 진행시켜 왔다. 그리고 그중 일부 국가에서는 다른 나라에 비해 이 제도가 잘 운영되고 있다. 만약 계속해서 잘 운영된다면 국가 대표자 회의는 사회적 화해와 치유를 불러올 수 있는 유용한 도구가 될 수 있을 것이다. 만약 이 제도가 사회의 모든 관점과 심지어 표면 아래에 묻혀 있는 견해까지 표출시켜 충분히 논의할 만큼 포용적이라면, 사회 공통의 비전vision은 세밀한 과정을 거쳐 모든 사람들이 공감할 수 있는 사회의 모습과 방향으로 나타날 것이다. 또한 이 과정은 사회적 치유를 위한 중요한 첫발을 내딛는 일이기도 하다. 물론 이 과정을 이끌기 위해서는 매우 분명하고 엄격한 준비와 상당한 시간이 소요될 뿐 아니라 엄청나게 세심한 기술이 요구될 것이다. 하지만 제대로 운영되기만 한다면 중대한 문제에 대한 일반적 합의가 없는 사회에서 다수정당 정치 선거를 통해 이뤄지는 사회보다 훨씬 더 화합적이고 생명력 있는 사회를 창출해낼 수 있다.

'화해의 정치'는 협력의 정치다. 자신의 이해에 바탕을 둔 협소한 생각이나 경쟁과는 달리, 협력은 자신의 이해를 어떻게 정의할 것인가에 있어 자신을 관계적 상황에 놓고 이해한다. 다시 말해 우리는 우리가 의지하는 사람들, 우리를 의지하는 '타인들'에 의해 우리의 정체성을 규정한다. 따라서 협력은 우리의 이익이 다른 사람의 이익이 되고 그 반대의 경우도 성립할 수 있는 방법으로 상호 관계를 정의하는 것을 의미하며, 이는 우리가 서로 도움을 주고받을 때만 가능하다. 흥미롭게도 이러한 관계의 결과는 다른 사람을 배제하거나 희생시켜 얻으려고 하는 이익보다 훨씬 크다. 이 협력과 화해의 정치는 빼앗지 않고 베푸는 것을 통해 최고의 대접을 받는다는 신약 성서의 구절 속에 잘 표현되어 있다. 예수님의 제자였던 누가는, "주라. 그리하면 너희에게 줄 것이니 곧 후히 되어 누르고 흔들어 넘치도록 하여 너희에게 안겨 주리라. 너희의 헤아리는 그 헤아림으로 너희도 헤아림을 도로 받을 것이니라."라고 강조하고 있다.[23]

이 교훈적 말씀이 주는 첫인상은 아마 모순적이고 비논리적으로 보일지도 모른다. 하지만 자세히 살펴보면 이 말은 인간관계의 많은 영역에서 중요하게 적용되는 것을 알 수 있다. 남들에게 우리를 존중하라고 요구하는 대신 다른 사람을 존중하면 우리도 존중을 받는다. 우리가 남에게 사랑을 베풀 때 다른 사람도 우리를 사랑과 애정으로 대한다. 다른 사람이 성장하도록 도와줄 때 우리도 성숙할 수 있다. 우세한 힘으로 남을 위협하는 대신에 다른 사람들로 하여금 안전하다고 느끼게 할 때 우리의 안전도 보장받을 수 있다. 흥미로운 것은 정치에도 오직 자신만의 권력을 쌓으려고 노력하는 대신에 남과 함께 나누려고 할 때

---

[23] 누가복음 6:29-3.

더 많은 권력이 따라오게 된다. 권력을 나눔으로써 더 힘을 얻고, 마찬가지로 권력을 나눈 사람들에 의해 다시 지원을 받게 되는 것이다.

반면에 권력을 빼앗긴 사람은 자신의 권력을 되찾기 위해 뺏어간 그 사람의 권력을 최소화하려고 애쓴다. 한 가지 놀라운 사실은 흔히 상호 배타적이라고 하는 물질적 자원을 둘러싼 갈등, 즉 한 사람이 차지하면 다른 사람은 잃어야만 하는 위협적인 고정 관념이 존재하는 갈등의 경우에도 이와 같은 원칙이 적용될 수 있고, 갈등이 서로에 대한 인정과 상호 존중의 범위 안에서 해결될 수도 있다. 인간의 저변에 깔려 있는 위신, 존중, 인정과 같은 기본적 요구들은 남들에게 강요해서가 아니라 오히려 바라는 사람들에게 줌으로써 채워지고 늘어난다. 그리고 이런 요구가 한번 채워지기 시작하면, 심지어 분명히 양립할 수 없을 것 같아 보이는 물질적 문제들도 좀 더 양보적이고 평화적인 방법으로 해결될 수 있다.

이것이 '협력과 화해 정치'의 핵심이다. 지금까지의 분석이 보여주듯 이 개념들은 단지 순진하고 불투명한 이상론이 아니다. 협력과 화해의 정치는 개념 자체에만 국한되는 것이 아니라 실용적이고 공리적인 면에서도 경쟁의 정치가 갖는 것 이상의 당위성을 갖는다. 결국 협력과 화해의 정치를 추구함으로써 개인과 사회가 얻는 질적·양적 혜택은 더욱 높아질 수 있다.

협력과 화해를 통한 사회적 합의에 기초한 정치는 개인주의와 경쟁보다 공동체를 강조하는 인류 보편의 전통적 문화와 깊은 연관이 있다. 흥미롭게도 이런 유형의 정치적 적용은 기교적인 정당 체계나 비싼 정치 캠페인, 국제 선거 감시단 등이 필요하지 않다. 반면에 전통적인 지역 원로, 존경받는 공동체의 지도자, 지역의 중재자, 종교 기관 등 평범한 사람들과 가난한 사람들에게 이미 친숙한 현존하는 전통적 체계를 그대로 이용하면 된다. 하지만 이 전통적 체계가 갖는 판결적이고 억압적인 요소들은 반드시 지적되어야 하고, 일반 대중은 대중적 계몽 교육을 통해 그 단점들을 개선해 나가야 한다.

또한 동시에 이 전통적 체계가 갖는 장점을 유지하면서 단점들을 보안해 나갈 수 있는 나름대로의 창조적인 방법을 개발해야 한다. 이런 과정을 거친 후에야 자주적이고 참여적이며 화합된 사회의 창조를 향한 움직임이 가능해질 수 있을 것이다. 일반 대중이 봉사하고 싶어 하는 사회의 모습과는 별 관계 없이 만들어진 신생 정치 기관이나 최근에 급조된 경쟁적인 다수정당 정치제도에 의해 형성된 사회보다는 조금 더 인간적이며 평화로운 사회를 만들어갈 수 있을 것이다.

평화와 화해의 패러다임은 정치에 대한 새로운 이해를 제시한다. 이 관점에 의하면 정치는 협력을 권장하고 존중한다. 평화와 화해의 패러다임은 약육강식을 인간의 본모습으로 보고 단순히 인간의 부정적

속성을 잘 관리해 통제 밖으로만 벗어나지 못하게 하는 것이 최선의 정치라고 믿었던 17세기의 호비지언Hobbesian24)의 관점을 거부하고, 성숙하고 인간적이며 상호 번영의 사회관계를 키우는 기관을 만들어 나가는 것을 지향한다. 그렇다고 해서 이 글의 핵심이 모든 제3세계 국가들이 경쟁적 정치 체제가 뿌리내릴 여건으로 발전되지 않았다는 것은 아니다. 여기서 중요한 논지는 사회적 분열이 뿌리 깊은 사회에서는 지난 과거의 상흔에 대한 치유와 사회 전체를 위한 공통의 비전, 그리고 핵심적인 사회 문제에 대한 사회적 합의가 왜곡되고 분열적인 다수정당 정치 캠페인이나 선거 과정최근 일부 신생 아프리카 국가에서 드러났던 것과 같은에 앞서 반드시 선행되어야 한다는 것이다.

국가

평화와 화해의 패러다임은 또한 식민지 통치에서 벗어난 나라들의 국가 건설 과정에도 적용된다. 세계는 지난 수십 년 동안 거의 모든 신생 독립 국가들이 식민지적 억압에서 독립 국가로 전환하는 과정을 지켜보았다. 이들 국가들이 추구하는 모델은 전통적 국제법의 인정하에 모든 자주권과 독립이 보장되는 주권 국가이다. 하지만 앞에서 언급한

---

24) 17세기 철학자 Thomas Hobbes는 만약 인간이 자신들만 남아 있다면 고독, 가난, 고약함, 잔인함, 그리고 단순한 삶을 살 수밖에 없다고 믿었다. 따라서 정부의 역할은 이러한 인간의 본성이 서로를 파멸하지 않도록 점검하는 것이라고 주장했다.

자유와 참여의 약속이 깨져 버렸듯이 주권 국가의 창조와 독립 국가의 실현이 이 나라들에서도 빗나가 버렸다. 이렇게 실망스러운 결과를 불러온 주요 원인에는 구조적 문제와 개념적 문제가 동시에 존재한다. 우선 구조적인 문제에서는 현재 세계의 정치·경제 구조 속에서 많은 구舊 식민지 국가들은 명목상으로만 자유로울 뿐, 실제로는 전혀 정치적으로 독립적이고 자유로운 지위를 누리지 못하고 있다. 이들의 국가경제는 여전히 북반구의 강대국에 의지할 수밖에 없는 형편이고, 결과적으로 정치·경제적으로 전前 식민 국가의 영향력에서 벗어나지 못하고 있는 것이 현실이다.

개념적으로는 완전한 독립과 자주권을 추구한다는 그 자체가 어쩌면 허황된 목표일 수도 있다. 이 세상에 존재하는 모든 유기적 조직은 상호 관계성 위에서 성립한다. 따라서 완벽한 독립다른 사람들에게 영향을 주지도 않고 받지도 않는 삶이란 삶의 영역 밖에서 존재하는 이상과 같다. 같은 의미에서 국제관계에서 모든 국가가 완전한 독립 주권 국가를 지속적으로 추구한다 할지라도, 한 국가의 안전과 번영이 다른 나라의 안전과 번영과 상관없이 이뤄진다면 이것은 그 나라를 위해서도 분명히 의미 없는 일일 것이다. 또한 국가의 국민들을 잘 통치하고 자국 내 사회적 화합과 경제적 안정을 이루는 성공 여부는 곧바로 이웃 나라들의 국민의 삶에도 직간접적인 영향을 미친다는 것은 자명한 사실이다. 아프리카의 경우를 살펴보더라도 사회의 분열과 불안정은 국경을 넘어 쉽게 다른 사회로 옮겨질 수 있다. 마찬가지로 다른 나라의 희생을 통한 경쟁적이고 이기적인 국가 이익의 추구는 스스로를 자멸의 길로 이끈다는 교훈을 우리는 역사를 통해 지켜봐 왔다.

따라서 국제관계도 상호 이해의 틀 안에서 이뤄져야 한다. 예를 들어 우리가 지금은 환경과 생태 문제를 다루는 데 각국의 개별적인 자주권을 초월하여 지구를 하나의 커다란 실체로 바라보고 협력하고 있는 것과 마찬가지로, 세계가 경제, 정치, 문화, 그리고 환경으로 점점 상호 의존적이고 보완적으로 변하고 있는 현실 속에서 완전한 독립을 추구한다는 것은 불합리한 일일 수 있다. 따라서 상호 의존적인 국제관계를 향한 과도기적 과정으로서의 독립이 아니라면 완전한 독립을 이룬다는 것의 의미는 크지 않다.

서두에서 평화와 화해의 패러다임을 설명할 때, 개인이나 단체의 성숙 정도를 가늠하는 기준으로 의존 단계에서 독립 단계로, 그리고 나중에 상호 의존의 단계로 발전한다고 설명한 바 있다. 이 단계적 구분이 의미하는 것은 신생 독립 국가들이 자신들의 독립을 국가 형성의 마지막 단계로 볼 것이 아니라, 좀 더 상호 의존적인 단계로 행하는 정치적 과도기로 봐야 한다는 것이다. 이 국가들은 자신들을 커다란 실체의 한 부분으로 바라봐야 하며 반드시 주변 이웃 국가들과의 관계 형성을 위해 움직여야 한다. 현실적 불이익과 제약 때문에 늘 한정적이며 불충분할 수밖에 없는 주권을 방어하기 위해 개별적이고 경쟁적인 투쟁을 강화한다 해도, 자국의 완전한 주권과 독립을 이루지 못해 생기는 좌절과 한계는 극복되지 않는다. 대신에 다른 국가들과 함께 협력할 수 있는 구조와 상호 번영을 체계화하여 좀 더 큰 틀의 주권을 추구할 준비를 해야 한다. 이 말은 공통의 문제와 어려움을 해결하기 위한 통합적 접근 방법을 개발하고 동시에 국제무대에서 공동의 주연으로서 좀 더 광범위한 실용성과 능력을 발전시킬 목적으로 각 국가들의 개별적 주권의 일부를 양보할 준비가 되어야 한다는 뜻이다.

따라서 평화와 화해의 패러다임은 신생 독립 국가들과 함께 상호 의존적인 실체로서 묶는 공동체 의식을 확고히 할 것을 요구한다. 또한 범汎대륙주의pan-continentalism와 지역주의는 신선하고 고무적이며 유망한 국가 발전 과정의 다음 단계로 고려되어야 한다. 막 생겨나기 시작한 아프리카의 독립 국가들 사이의 범아프리카주의pan-Africanism가 좋은 예가 될 수 있다. 이 발전 과정에서 평화와 화해의 패러다임에서 나온 가치와 원칙, 그리고 방법과 기술들의 중요성은 다시 한 번 대두된다.

앞에서 인간관계가 의존과 독립, 그리고 상호 의존의 단계로 발전한다고 언급했지만, 신생 독립 국가의 경우 그것이 상호 의존적인 관계로 발전하기 전에 반드시 확고한 독립 국가로 먼저 발전되어야 한다는 의미는 아니다. 이 경우 미국이 좋은 예가 될 수 있다. 맨 처음 미연방을 구성한 13개 주 중 어떤 주도 나중에 협력적 행동이나 기관을 만드는 데 방해가 될 만큼 깊은 독립 개념이나 구별된 정체성을 띠지 않은 채 합쳐졌다. 유럽에서는 비록 다양한 국가들이 수세기에 걸쳐 주권 국가의 개념을 완성하기 위해 계속 시도를 해왔지만, 지금은 확고한 독립의 자세를 버리고 대신 EU^{유럽연합}의 탄생에서 보듯이 더욱 상호 의존적 관계 형성을 위해 상호 연관과 상호 의존을 강조하고 있다. 아프리카의 경우는 지금이야말로 더욱 확고한 국가 간 상호 의존적 관계로 변해가도록 만들어야 할 시기다. 집단의식 고취와 폐쇄적 정체성을 키워 한 개인이나 집단이 그 사회를 통치하기 용이한 체질로 쉽게 전환되도록 하는 독재 체제 아래서 각 국가가 자신들의 독립성을 더 키워가기 전에 상호 의존적 국제관계를 확대해야 한다.

여기서 분명히 지적하고 싶은 것은 상호 의존성의 강조나 주권에 대한 광의의 해석은 단순히 '크면 클수록 좋다^{bigger is better}'라는 의미에서 나온 말이 아니라는 점이다. 만약 거시적 실체의 창조가 집단성을 이루는 개별적 단위를 소외시키고 파괴하는 정체불명의 거대한 정치 괴물의 형성을 의미한다면, 그것은 지금까지 이 글에서 줄기차게 주장해온 평화와 화해의 패러다임의 핵심이 되는 존엄, 자유의 책임, 그리고 상호 관계의 가치와 정면으로 배치되는 일이다. 오히려 상호 의존적 관계가 더 강조돼야 한다고 제안한 이유는, 더욱 유익한 인류 공동체를 만드는 창조적 활동이 사람들의 정체성과 인간관계를 인위적이고 해롭게 하기 쉬운 독단적이고 전제적인 기관에 의해 결정돼서는 안 된다는 우려에서 나온 것이다.

한 국가의 일원으로 사람들을 묶는 '유대의 끈'이 존재하듯이, 때로는 비슷하거나 어떤 때는 더 중요한 '유대의 끈'이 한 지역, 대륙, 그리고 궁극적으로는 전 인류를 한 가족의 일원으로 묶어야 한다. 그렇다고 상호의존을 지향한다는 의미가 개별 국가의 개념을 완전히 버리라는 뜻은 아니다. 하지만 오히려 오랫동안 지속돼온 주권 국가에 대한 이해, 즉 "주권 국가가 인간의 궁극적 정체성이다."라는 국가에 대한 전통적 정의를 반박하는 것은 사실이다. 건강한 국가는 독특성이나 다양성이 억제되지 않으면서도 국민들 간에 동질성이 강화되는 국가이다. 마찬가지로 상호 의존적 연방은 이를 구성하는 단위체들을 파괴하지 않고, 대신 이들 간 공통의 유대성을 강화하고 상호 번영의 관계를 형성하는 능력을 키워주는 것이다. 따라서 이 관점에서는 심지어 지역주의나 범대륙주의마저도 국가 형성의 최종적 단계가 아니라, 세계 시민이라는 전 인류 공동체를 아우르는 거대한 정체성을 향해 나아가는 또 다른 단계로 봐야 한다.

현대화와 경제 성장

평화와 화해의 패러다임이 가난한 나라의 현대화와 경제 성장에는 어떤 영향을 미치는 것일까? 많은 신생 독립 국가들은 독립 이후로 자국민들의 높은 생활수준을 이루기 위해 현대 사회의 창출을 위해 몰두해 왔다. 하지만 몇몇 나라를 제외하고 이들 국가들의 노력은 대개 처참한 결과를 낳고 있다. 물질적 번영의 기준에서 보면, 식민 통치에서 벗어나 나름대로 자립의 노력을 기울인 여러 나라들의 오늘날 상황은 30년 전보다 경제적으로 더 가난해졌다. 단지 빈곤이 확산된 것만이 아니라 현대화와 경제 성장을 향한 처절한 노력은 무수한 부작용을 낳았다. 이러한 부작용 가운데는 지역 공동체의 붕괴, 문화적 괴리와 단절 현상, 재난의 확대, 파탄된 삶, 그리고 가장 불행하게도 정신적·사회적 갈등의 증대를 꼽을 수 있다. 아프리카의 몇몇 국가들은 이와 같은 실패의 원인에 대한 좋은 예다.

아프리카의 많은 나라들은 경제 성장의 실패와 이에 따라 삶의 수준을 끌어올리지 못하는 정부의 무능함의 원인에 대한 분석을 계속적으로 논의해 왔다. 그중 대표적인 원인은 사회주의에 영향을 받은 매우 중앙 집중적이고 권위적인 경제 성장 모델이 아프리카의 많은 나라들에 의해 시행돼 왔다는 점이다. 하지만 최근 한 국가의 주요 이데올로기로서 사회주의가 붕괴되면서 여러 나라에서 자국의 빈곤 문제를 풀기 위한 해결책으로 자유 시장경제 체제로의 전환이 새롭게 시도되고 있다. 한 신문은 이러한 최근의 현상을 다음과 같이 표현하고 있다.

> 자유 시장경제로의 전환이 아프리카의 미래 경제 성장에 밑거름이 된다는 자각은 아프리카가 90년대에 겪은 이중적 변화—즉, 유일 정당에서 다수당의 정치로, 그리고 오랫동안 엄격하게 추진해온 국가 주도 경제 체제에서 자유 시장경제로의 이동—의 과정에 있다는 것을 의미하는 것이다.25)

그러나 우리가 아프리카 국가들의 경험뿐만 아니라 이 국가들이 모방하고자 하는 부유한 서구 사회를 자세히 살펴보면 지금까지 진행되어온 경제 성장 모델이 갖는 여러 가지 심각한 문제들을 볼 수 있다. 자유 시장경제 모델에서 경제 성장의 주요 원동력은 당연히 생산이다. 하지만 동시에 생산의 촉진은 전적으로 소비에 달려 있다. 따라서 가난한 나라의 경제 성장은 그 사회가 자국의 생산과 소비를 늘릴 수 있는 능력을 얼마나 키우느냐에 달려 있다. 이런 점에서 가난한 나라에는 충족되어야 할 많은 인간의 기본적 요구Basic Human Needs가 있다. 그리고 이러한 요구는 생산과 소비의 촉진을 유발하는 원동력이 될 수 있다. 결국 생산이 인간의 기본적 요구를 충족시키는 방향으로 이뤄지는 한, 즉 인간의 기본적 요구가 무엇을 생산해야 하는가를 결정하는 한, 경제

---

25) Tsegaye Tadesse, "OAU out to build new image at talk," *Daily Nation*, 1993년 5월 24일, p.10.

성장을 위한 이 접근 방법은 유용한 이론이 된다.

하지만, 경제가 인간의 기본적 요구를 충족하기 위한 목적으로 상품과 서비스를 생산하지 않으면서 이 이론은 왜곡되기 시작했다. 이런 경우 수요가 무엇이 생산되어야 하는가를 결정하는 대신에 생산이 수요를 결정하기 시작한다. 광고와 판매 촉진을 통해 생산자는 사람들의 구매 심리를 조장하고, 그렇게 함으로써 생산자가 이미 생산하기로 결정한 상품을 소비자가 구매하고 싶도록 사람들의 마음에 욕구를 창출해 내는 결과를 낳는다.[26] 이러한 구조는 생산된 상품을 소비함으로써 얻는 만족을 행복이라고 여기게 사람들에게 지속적으로 주입시킨다. 또한 동시에 경제 제도는 생산 체계가 계속해서 더 많은 생산과 경제 성장을 유발하도록 지속적인 불만족과 끝없는 동경을 자극해야만 한다. 이 과정은 더 많은 소비가 더 큰 만족을 가져온다는 미혹적인 기대에 빠지게 함으로써 사람들로 하여금 더 많은 상품을 구매하는 것을 자연스럽게 받아들이는 습관을 키우게 한다. 와크텔Wachtel에 따르면, 성장 지향적인 사회에서 사는 사람들의 '충분'은 항상 지평선 위에 놓여 있는 것 같아서, 점점 다가갈수록 더욱 멀어져 버린다. 우리가 얼마나

---

[26] 와크텔은 이러한 광고를 '시기와 끝없는 욕망을 일으키는 광고 게시판'이라 부른다. 그는 미국에서만 연간 수십조 달러가 매년 광고와 판매 촉진을 위해 지출되고 있다고 지적한다. Paul Wachtel, *The Poverty of Affluence: A Psychological Portrait of the American Way of Life* (Philadelphia: New Society Publishers, 1989), pp.6, 148.

갖고 있든 간에 더 많이 갖고 싶어 하는 욕구는 끝없이 지속된다.[27)

와크텔은 이러한 형태의 발달이 세상에서 가장 잘 사는 몇몇 사회에 주는 영향에 대해 다음과 같이 정리하고 있다.

> "우리의 부富를 창출해 내는 바로 그 아이디어가 우리를 만족하게 하지 못한다는 것은 아이러니다. 우리의 더 많이 가지려는 끝없는 욕구는 경제 성장의 주요 동력이 되지만, 중요한 것은 이 욕구가 가져오는 성취가 대개는 공허한 승리라는 것이다. 우리가 점차 느끼듯이 이 욕구는 우리의 건강을 해치며 생명을 단축시키고 있다."[28)

이런 성장에 의해 나타나는 '정신적 빈곤' 외에도 자연환경의 파괴는 심각한 문제가 아닐 수 없다. 더 많이 소유하는 것이 좋은 것이라는 물질적 소비가 만족의 근원이 되고, 이런 물질만능주의는 이기적이고 무책임한 자연환경 남용과 공해, 낭비를 조장하며,[29) 다시 생산될 수 없는 지구의 자원들을 약탈하는 결과를 가져온다. 결국 지구의 생태계를 파괴하고 생명을 위협하는 결과를 초래한다. 와크텔이 이야기하는 "성장의 사이렌siren이 우리를 매혹시키지만, 고대의 사이렌처럼 우리

---

27) 같은 책, p.1.
28) 같은 책, pp. 17, 23
29) 이런 종류의 낭비로는 생산 과정에서 고의적으로 만들어내는 새로운 스타일의 변화와 구식화를 들 수 있다. 이런 현상은 구매 방식이 아직 정상적으로 작동하지만, 새로운 스타일을 찾는 욕구를 창출함으로써 소비 행동에 직접적 영향을 준다.

를 재앙의 길로 인도하고 말 것이다."30)*

이러한 경제 성장에 대한 이해가 갖는 또 다른 왜곡에 대해 살펴보자. 인간의 기본적 요구가 충족되면, 또는 심지어 다 충족되지 않는 상태라 할지라도 소비 형태는 경제학자들이 소위 말하는 '위신positional' 상품과 서비스service31)의 단계로 이동한다. '위신' 상품과 서비스를 소비하는 사람들은 다른 사람들이 같은 상품과 서비스를 구매하지 못하는 것에 만족을 느낀다. 예를 들어, 메르세데스 벤츠와 같은 사치품은 그 희소가치 때문에 사람들에게 만족을 느끼게 한다. 하지만 더 많은 사람들이 이런 상품을 구매할수록 기쁨의 원동력으로서의 자동차의 가치는 점점 사라지고 만다. 질투 또는 맹목적 소비 경쟁과 같은 생각이 많은 사람들로 하여금 호화스러운 차를 사기 위해 헌신적으로 일하는 동기가 된다. 하지만 더 많은 사람들이 메르세데스 벤츠를 운전할수록 차는 점점 그 가치를 잃게 되고, 이때쯤이 되면 돈이 많은 사람들은 남들이 쉽게 살 수 없는 다른 어떤 것을 찾기 시작한다. 따라서 다른 사람의 탐욕을 자극하거나 자신의 부족을 만회하기 위한 무의미한 경쟁을 추구하는 소위 '위신 소비positional consumption'에 지구의 무수한 양의 자원이 낭비되고 있는 것이다. 그러나 더욱 슬픈 현실은 이런 위신 소비에

---
30) *역주_같은 책, p.6. 고대 그리스 신화에 나오는 반은 여자이고 반은 새인 요정으로, 아름다운 노래 소리로 뱃사공을 꾀어 죽음에 이르게 했다.
31) Fred Hirsch, *Social Limits to Growth* (Cambridge, Mass: Havard University Press, 1976).

젖어 있는 부자들은 자신들을 의식적으로 자극하는 사람들의 시기에 찬 행동자신들을 향한 분노나 자신들의 재산에 대한 범죄와 같은으로부터 스스로를 보호하기 위해 또 엄청난 자원을 낭비한다는 사실이다.

상대적으로 발전이 더딘 아프리카의 많은 사회에서도 최근 서구를 모방한 경제 성장 모델이 큰 문제를 야기하고 있다. 무엇보다 사람들을 실망시키는 것은 기대했던 결과들을 쉽게 얻지 못하고 있는 현실이다. 경제 발전이라는 분홍빛 꿈의 약속에도 사회적 빈곤에서 번영으로 가는 길은 불확실해 보이고, 인적·사회적 손실은 점점 더 크게 나타난다.[32]

또한 비록 경제 성장을 이뤘다 하더라도, 소위 선진국 사회에서 성장과 함께 등장한 물질만능주의와 공동체의 붕괴, 고독, 무의미, 그리고 감정적 고갈 등에 의한 정신적·영적 위기에 봉착해 있다. 경제 활동의 촉발은 욕심, 질투, 끝없는 불만족 같은 건강하지 못할 뿐만 아니라 경우에 따라서는 파괴적인 인간 행동의 동기를 만들어내고 키운다. 그뿐 아니라, 경제 성장과 물질적 풍요가 행복을 보장하고 안전을 제공하며 모든 인간의 문제와 사회의 병을 치유할 것이라는 환상을 심어주기도 한다. 하지만 이런 사회 문제의 등장은 사회가 완전히 현대화되거나

---

32) 이러한 인적 손실의 좋은 예는 번영된 미래를 약속하며 표면적으로 경제를 자극하기 위해 아프리카 사회들에 강요됐던 구조조정 프로그램이다. 그 결과 사회적으로 가장 혜택을 받지 못하는 사람들이 대거 휴직당하거나 해고되었다.

번영할 때까지 기다려 주지 않는다는 특징이 있다. 좀 더 부유하고 도시화, 현대화된 아프리카의 중심지를 보더라도, 소위 선진 서구 사회에서 나타나는 정신적, 영적, 사회적 문제들 때문에 벌써 골머리를 앓고 있다. 중요한 것은 부유한 나라에서는 경제 성장의 부정적 영향이 그 사회의 물질적 부에 의해 약화되거나 감춰질 수 있지만, 가난한 나라에서는 이런 위기가 극심한 빈곤의 상황에서 발생하기 때문에 경제 성장의 부작용은 사람들에게 더 많은 악영향을 끼친다.

이미 발달한 부유한 나라를 모방하거나 따라잡기 위해 가난한 나라는 매우 큰 진통을 겪고 있다. 왜냐하면 현대화 또는 경제 성장이 이들 나라의 공동체와 삶의 의미를 부여했던 전통적 세계관영적 가치, 사람들과의 연대에서 오는 안전, 전통적인 민족 뿌리의 관념 등을 버리도록 강요하기 때문이다. 이런 가치들은 현대화의 목표와 조화를 이룰 수 없다는 이유 때문에 버려지고 있다. 하지만 불행하게도 현대화나 경제 성장의 목표 달성은 여전히 묘연해 보인다. 모방의 대상이 되는 부유한 사회들은 자신들을 따라잡으려는 국가들을 기다려 주지 않는다. 자신들이 갖고 있는 경제의 역동성이 그들을 모방하는 가난한 나라가 따라잡을 수 없는 더 발전된 상품을 생산해 내고 더욱 더 '위신 소비'를 부추기기 때문이다. 따라서 이런 가난한 나라들에게 현대화와 경제 성장은 멀어지는 목표가 되고, 결과적으로 자신들이 얻고자 하는 것을 얻지도 못할 뿐만 아니라 자신들이 갖고 있던 귀중한 가치마저 잃어버리고 마는 비참한 상황에 빠지게 된다. 이런 절망이 개인과 사회의 혼란과 갈등, 환멸을 유발하는 지속적인 원인이 된다는 것은 의심할 여지가 없다.[33]

가난한 나라들이 자신들의 빈곤으로부터 탈출하기 위해 선택하는 일반적인 방향에 대하여 러츠Lutz와 럭스Lux는 다음과 같이 경고하고 있다.

"대량 생산의 증대는 적절한 규모와 경영 방식을 갖춘 전통적 지역 경제를 무너뜨린다. 그리고 이러한 '변화'는 사람들로 하여금 사람보다 물질에 더 관심을 두게 한다. 개인 상호간의 관계는 점점 더 물질적 관계로 바뀌게 된다. 더 이상 우리는 누가 무엇을 생산했는지 알지 못한다. 시장은 조용해지고 사람들은 서로에 대한 관심을 잃어간다. 사람들이 관심을 두고 알고 싶어 하는 것은 오직 생산품과 가격이다. 인간은 수단이 되고 상품이 목적이 된다. 인간의 최고 가치는 금전적 계산과 물질주의로 바뀐다. 이런 과정이 계속 진행될 때 인간의 복지는 현저히 낮아질 것이다. 우리는 시장화와 물질주의가 동전의 한 단면이라는 것을 잊으면 안 된다. 이 둘은 인간 상호 관계의 필요보다 물질에

---

[33] 필자는 이러한 절망감의 징후를 내전이 발생한 수도에서 전쟁에 직접 참여한 청소년들에게서 보았다. 그들의 행동과 태도를 보면서 이들이 서양 영화나 TV를 통해 머릿속에 박혀있는 멋진 삶의 이미지를 모방하려고 한다는 것을 쉽게 알 수 있었다. 그러나 그들은 자신들의 가난한 현실, 사회의 부패, 그리고 가장 심각한 문제인 자신들의 정체성(국적, 인종, 피부색 등) 때문에 자신들이 꿈꾸는 삶에 접근할 수도 없다는 현실을 인정하는 것이 무척 괴로워 보였다. 그들은 자신들의 정체성을 좋아하지 않았지만, 동경하고 있는 정체성을 갖는 것은 불가능하다는 것도 잘 알고 있었다. 따라서 이러한 자멸감이 자신이 싫어하는 자기 자신 속에 있는 정체성을 되새기게 하는 모든 사람에게 극단적인 폭력과 잔인성을 나타내는(소위 람보 신드롬이라고 하는) 숨은 동기가 아닌가 하는 의문을 자아내게 했다.

대한 욕망과 권력욕을 부추긴다. 결국 사회는 점점 더 개인화되고 있다."[34]

이 글에서 논의하고 있는 평화와 화해의 패러다임이 갖는 가치와 원칙은 좀 더 인간이 중심이 되는 경제 성장 모델을 제안한다. 앞의 장에서 지적한 대로 새로운 패러다임의 근본적 전제는 삶과 자연의 다양한 차원 간의 화해와 통합이다. 예를 들어, 개인의 영적, 정신적, 지적, 물질적, 그리고 사회적 차원들 사이의 통합을 지향함과 동시에 개인, 사회, 자연 사이의 화합을 추구하는 것이다. 따라서 이 관점에서 정의하는 성장은 이런 모든 분야에 적용되는 것이다. 영적 파괴와 공동체의 희생을 통해 얻어지는 경제적 번영은 이 패러다임이 제시하는 비전과 모순된다. 경제 성장은 관련된 모든 분야가 함께 성장할 때 비로소 진정한 의미를 갖는다.

앞에서 언급한 대로 물질적 번영의 세대가 갖는 경제 성장 개념은 인간과 자연 전체를 경제 생산 과정 아래로 귀속시키는 경향이 있다. 평화와 화해의 패러다임은 경제 체계가 인류와 자연에 봉사하는 역귀속逆歸屬의 모델을 제안한다.[35] 다음 도식에서 보듯이, 위의 그림에서

---

34) Mark Lutz와 Kenneth Lux, Humanistic Economics: The New Challenge (New York: Bootstrap Press, 1988), p. 315.
35) 코르텐(Korten)에 따르면, 일반적으로 이해하고 있는 경제 발전 모델의 가치는 "노동자 경제에 봉사하기 위해 존재하는 것이지 경제가 노동자를 위해 존재하는 것이 아니다." Korten, *Getting to the 21st Century*, p. 43.

아래 그림으로 변화하는 것을 의미한다.[36]

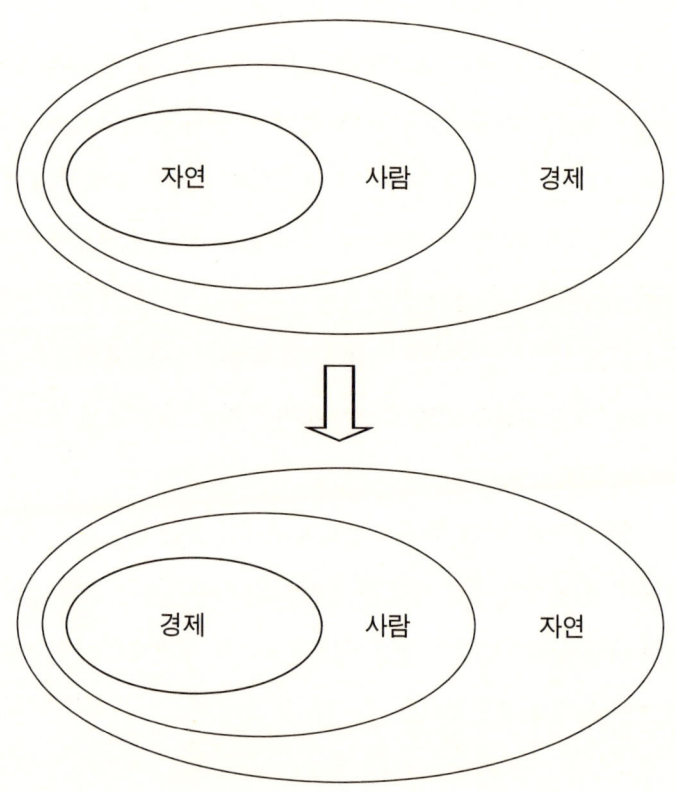

---
[36] 이 도식은 필자가 송하이(Songhai) 센터의 책임자인 나자마조(Nazamajo) 씨와의 논의 중에 개발한 것임을 밝혀둔다.

또 한 가지 강조되어야 할 평화와 화해의 패러다임의 중요한 가치 중 하나는 정의justice이다. 이 관점에서 경제 성장과 번영이란 한 사회 안에서나 다른 사회 사이에 경제 정의의 가치가 높이 강조돼야 하고, 공정한 분배가 반드시 보장되어야 한다. 또한 경제 정의의 중요성은 사람들이 자연을 사용하고 이용하는 만큼 자연을 키우고 복원해야 한다는 점까지 포함한다. 경제 활동 때문에 생태계에 생기는 피해와 지구의 재활 능력 사이에는 반드시 적절한 균형이 필요하다. 평화와 화해의 패러다임에 따르면 자연은 생산 과정에 투입되는 재료가 아니라 스스로 존재가치를 지니는 목적이다.

평화와 화해의 패러다임에서는 경제 성장의 성공 여부가 단순히 한 사회에서 얼마만큼의 물질적 소비가 이뤄지는가에 달려 있지 않다. 생산 과정의 주요 동력은 욕심을 충족시키려는 활동 대신 인간의 기본적 요구를 충족시키는 것에서부터 시작되어야 한다. 지구의 한정적인 자원을 분배하는 우선순위도 '필수적이지 않은 소비보다 필수적인 소비'에 먼저 초점이 맞춰져야 하고, '과소비의 낭비적 요구보다 사회의 소외된 사람들의 최소한의 요구'에 맞춰져야 한다. 지금의 경제 체제가 다른 사람들과, 또 넓게는 모든 자연과 관계를 발전시킬 수 있는 능력을 어느 정도 키워 주는 체제인가가 그 체제를 평가하는 또 하나의 척도가 되어야 한다.

결론

　　이 글은 어떻게 하면 아프리카 대륙을 비롯한 많은 대륙의 국가들이 현재 처한 위기 상황에 가장 적절한 해답을 이끌어낼 수 있을까 하는 희망으로, 종합적이고 일반적인 사고의 틀을 형성하려는 시도의 과정이자 결과이다. 새로운 분석의 틀은 다른 여러 가지 이론으로부터 영감과 지식을 얻어 종합한 것이고, 지금 아프리카 대륙을 비롯한 가난한 대륙이 당면한 주요 분야들, 갈등 분쟁 해결, 정치 제도, 국가 형성, 그리고 경제 성장 등의 네 분야를 기초로 분석을 했다. 그러나 여기에 나오는 분석이 이 네 분야에만 국한되는 것은 아니다. 이 분석의 틀은 인종과 인종 사이의 관계, 인권 문제, 사회에서 대중 매체의 역할, 종교와 국가의 관계, 인도주의적 지원, 단체와 인력의 관리, 가족 관계 등에도 충분히 적용될 수 있다. 물론 분명히 이 글에서 다룬 범위보다 더 깊고 심도 높은 분석이 필요할 것이다.

비록 이 책의 제목이 '평화와 화해의 새로운 패러다임'이지만, 이것이 어떻게 갈등을 해결할 것인가에 관한 내용은 아니다. 그보다는 이 글은 오히려 개인적·사회적 변화에 관한 것이다. 미숙한 관계에서 성숙한 관계로의 변화, 의존과 독립의 단계에서 상호 의존의 단계로의 변화, 파괴적인 경쟁에서 생산적인 협력으로의 변화, 권위와 강제적 강요에서 평등과 자발적 참여로의 변화, 이기적 이해의 추구에서 상호 이해로의 변화, 단순히 물질적 번영에 초점을 맞추는 경제 모델에서 사회적 결집과 정신적·영적 성장과도 조화를 이루는 통합적인 경제 성장 모델로의 변화를 의미한다. 다시 말해 평화와 화해의 패러다임은 단순히 갈등을 해결하거나 통제하기 위한 것이 아니라, 정의롭고 인간적인 사회질서 확립을 창출해 내는 과정의 변화를 이끌어냄으로써 화합을 조성시켜 나가는 것이다. 또한 빈곤한 사회를 괴롭히는 위기에서 벗어나기 위한 국가적이고 대륙적인 비전을 설정하는 것이다.

평화와 화해의 패러다임은 단지 목적 자체만이 아닌 희망의 변화를 이끌어내게 하는 과정도 중요하게 여긴다. 이 과정은 강요보다는 대화를 하고, 책임을 남에게 전가시키기보다는 받아들이며, 빼앗지 않는 대신에 베풂으로써 승패의 극단적 결정이 아니라 협상을 통한 결정과, 욕망과 위신보다는 필요에 더 초점을 맞추고, 경쟁이 아닌 협력을 이끌어내는 과정을 의미한다. 이 과정의 일관성을 유지하기 위해서는 변화와 변화의 과정을 이끌어갈 사람의 역할이 중요하다. 이런 사람들의 역할은 합의를 이끌어내는 일, 화해를 이루는 일, 조정, 치유, 인간관계의 형성을 촉진시키고 약자에게 관대한 사회 질서를 확립하며, 그리고 가장 중요한 스스로 모범을 보이는 지도력일 것이다.

이 책에서 살핀 모든 분야의 생각과 원리들이 더욱 깊이 분석되고 개발되어 더욱 확고하고 실용적인 단계와 과정으로 나타나야 할 필요가 있다. 넓은 의미에서 '나이로비 평화 센터Nairobi Peace Initiative'는 아프리카의 갈등을 다루는 분야에서 이 평화와 화해의 사고 패러다임을 적용하는 견고한 단계와 과정을 개발하는 데 일조하고 있다. 이와 유사한 시도가 정치제도, 국가 형성, 경제 발전에서도 진행되어야 할 것이다. 이 책의 분석이 미진하지만 그 변화를 위한 시작점이 될 수 있기를 기대한다.

저자 소개

히즈키아스 아세파Hizkias Assefa 박사는 현재 미국 버지니아 이스턴 메노나이트 대학교Eastern Mennonite Univ. 대학원의 갈등변환학 교수이며, 조지 메이슨 대학George Mason Univ.의 갈등분석·해결학 석학교수로 재직 중이다. 그는 또한 케냐 나이로비에 있는 '아프리카 평화 형성과 화해 네트워크the Africa Peacebuilding and Reconciliation Network'의 코디네이터로도 활동 중이다.

아세파 박사는 수단, 르완다, 에티오피아, 우간다, 모잠비크 등에서 민간 외교second-track diplomacy의 중요성을 강조한 주창자로서 활동해 왔으며, 이들 나라와 가나, 소말리아, 라이베리아, 앙골라, 케냐 등지에서 풀뿌리 평화 형성과 화해 운동에 적극적으로 참여하고 있다. 그는 남미, 유럽, 아프리카의 많은 지역에서 갈등해결 훈련 워크숍을 진행해 왔을 뿐만 아니라, 유엔과 EU의 자문위원으로 활동 중이며, 현재 다양한 국제 NGO들을 돕고 있다.

아세파 박사는 국제적 조정자와 평화 운동가로서 활발히 활동하고 있다. 그는 법학을 전공하여 법학 석사와 경제학, 행정학 석사를 마치고 국제관계학 박사학위와 갈등해결학 박사학위를 획득하였다. 조정자로서 본격적으로 활동하기 전에 아세파 박사는 에티오피아와 미국에서 활동했으며, 세계 여러 나라의 대학에서 법학, 경제학, 국제관계학, 갈등해결학을 가르치고 있다.

저서로는 『내전의 조정 Mediation of Civil Wars』 『수단 분쟁: 접근 방법과 전략 Approaches and Strategies: the Sudan Conflicts』 『극단주의 집단과 갈등해결 Extremist Groups and Conflict Resolution』 『아프리카의 평화 만들기와 민주화: 교회의 주도적 활동과 경험 Peacemaking and Democratization in Africa: Church Initiatives and Experiences』 『참여 확대와 심화의 과정: 범위가 넓은 사회 갈등의 화해 작업에 대한 방법론 Process of Expanding and Deepening Engagement: Metdhodology for Reconciliation Work in Large Scale Social Conflicts』 등이 있다.